探究のコンパス

学びのデザインを
変える15のヒント

学校法人 新渡戸文化学園 編著

明治図書

まえがき

「教師の側から知識を授けるよりも、まず知識を求める動機を子どもたちがもつような学校が、真の学校である」

これはアメリカの哲学者であるジョン・デューイの言葉です。ジョン・デューイは20世紀の前半に活躍をしました。学校教育がまだまだ前時代的だった時期に色々と新しい提言をしており、他にも次のような発言・考え方がありました。

「教育のすべては児童から始まる」（児童中心主義）

「学習の本質は、自ら問題を発見し、解決していく能力を身につけていく点にある」（問題解決学習）

「Learning by doing！」（経験主義）

これらの発言は、現代において日本をはじめ世界中でのテーマとなっている新しい教育観へのアップデートを予言していたようにも見えます。実際にジョン・デューイは「探究学習の元祖である」と言われることもあります。

私たち新渡戸文化学園では「未来の学校をこの世に描き出す」という目標を立てて、2019年を境に探究学習を軸にした学びへの進化に取り組んできました。新しい学校をデザインするにあたり、これから迎える不透明な未来に向かう子どもたちに相応しい学校像を思い描きました。未来からバックキャスティングしたデザインです。

一方で、私立学校には建学の精神があります。新渡戸文化学園は1927年に創立された学校で、「女子経済専門学校」が当初の学校の姿です。当時教育が行き届いていなかった女性に教育を、そして良妻賢母を目指すだけではなく社会で活躍することを願って創立された学校です。女性が初めて選挙に投票したのは1946年のことですので、それより遥か前に女性活躍をテーマに学園を創立したことは、非常に誇らしい成り立ちだと感じています。その創立者の一人が新渡戸稲造博士でした。新渡戸文化学園初代の校長先生です。

新渡戸稲造校長の言葉にこのようなものがあります。

「教育とは新しい知識を教えることでなく、新しい知識を得たいという気持ちを起こさせることである」

この言葉を聞いて、何か気づくことはありますか。よろしければ冒頭のジョン・デューイの言葉を今一度ご覧ください。いかがでしょうか、とても似ていないでしょうか。

新渡戸稲造博士は、校長の就任時に「教職員心得」を書いています。その中には、「学課を授くるに智育のみに偏せざるよう思慮と判断力の養成に努むること」という言葉がありました。知識の詰め込みばかりにならないように、子どもたちが思考をしたり、判断をしたりする重要性が述べられています。この言葉はおよそ１００年前に書かれたものですが、現代の文部科学省でも学習指導要領において「思考力・判断力・表現力」の育成を掲げていますので、これもまた新しい教育観に通ずるものがあると感じます。私たちはこのような創立者たちの願いにも立ち返りながら新しい学校のデザインを行いました。未来と過去の両方から現代にあるべき「新しい学校」の姿を描いたのです。

私自身は、新渡戸文化学園の目指すものがジョン・デューイの考えと非常に近く、同時に初代校長の新渡戸稲造博士とジョン・デューイの発言も考えが一致するものが多いことを感じていました。そしてある時、書物を読んでいて次のような文を発見しました。

「ジョン・デューイは１９１９年に日本に来日、友人である新渡戸稲造が学長をつとめる東京女子大学の宿泊施設に滞在した」

ジョン・デューイと新渡戸稲造は友人だったのです。これを初めて知った時には、背筋に電流が走る思いでした。新渡戸稲造博士は教育観において、おそらくジョン・デューイに大いに影響を受けていたのだと想像します。そして新渡戸稲造校長を通じて、ジョン・デューイの魂は新渡戸文化学園に今でも息づいているのです。新渡戸文化学園が「探究」

を軸にした学校に進化していくことは、偉大な先人たちの導きだったのかもしれません。

私は私立学校の役割は「イノベーション」だと考えています。日本中の学校の進化のために、必要なチャレンジを先陣切って行い、そこで得られた知見もうまくいかなかった経験も余すところなく全国の学校に還元したいと願っています。

「日本中を幸せにする学校をつくりたい」という目標を掲げ、おかげさまで現在では、年間で100件を超える視察が学園に訪れています。

本書は、新渡戸文化学園の小中高の先生がこれまでのチャレンジの中で得られた「学びが変わる」ための大切なヒントを、またそのためのデザインを、惜しみなくお伝えをしています。書かれていることはすべてリアルな熱量のある実践であり、そこから私たちが核となる部分を抽出し、言語化した大切なノウハウです。

どうか本書が日本中の教育関係者に届き、学校のアップデートにつながり、生徒と先生の幸せにつながっていくことを心から願っています。気になるところからでも、最初からでも、どこから読み進めていただいても大丈夫です。ワクワクする「未来の学校」を思い描きながら、どうか楽しんでお読みください。探究の旅へいってらっしゃいませ！


（2024年12月／平岩　国泰）

もくじ

第2章 『あなたの一歩が、あなたを変える』

第3章 『あなたの学びで、だれかとつながる』

第4章 『あなたの想いを、だれかに届ける』

第5章 『学びの文化を、みんなでつくる』

終章 それでも「探究」に悩むあなたへ

序　章

「探究」で変わる子どもたち

「探究とは、変容することだと思います。探究をきっかけに自分を変えられるし、何かを始められるし、全てのきっかけになり得るものだと思っています。」

これは新渡戸文化高校を卒業する間際の高校3年生の言葉です。彼女の高校生活の中心に「探究」があり、それにより「人生が変わった」と言っても過言ではないという気持ちを表現してくれました。

新渡戸文化学園では「探究」が学びの中心にあります。中学・高校では、水曜日が「クロスカリキュラム」と呼ばれる1日中探究の日です。この本を読んでくださっている方の中で、中高時代に1日自由になるカリキュラムがあった方はおそらくいないのではないかと思います。週の真ん中である水曜日に1日「探究」があり、まさにこれが人の背骨のように中心軸となって新渡戸文化学園の学びが展開されています。

そして「探究」は、子ども園のプロジェクト保育、小学校のプロジェクト科、短期大学のゼミ活動など、学園全体を貫いて取り組まれているのです。

暗黒時代からの変容

冒頭にご紹介した高校3年生の探究テーマは「動物実験」でした。彼女は動物実験の課題を社会に問題提起するために「そらってなぁに？　おひさまってなぁに？」という絵本を制作したのです。その絵本では『実験動物は外の光を一度も浴びることなく生涯を終えていく』ということが非常に読みやすく表現されています。工夫されているのは、動物実験のことをグロテスクではなく非常にやわらかいトーンで伝えていること、そして明確な「反対！」というメッセージでなくフラットな問題提起になっていることです。そうすることで幅広い年齢の方にメッセージを届けることができるのです。その構成になったきっかけを彼女はこのように話しています。

「最初に校内でプレゼンを行いました。話すことが得意じゃなかったので、スライドに絵だけを投影して表現したんですけど、プレゼンを終えたとき、泣いている人がいたんです。思いが伝わって嬉しかった反面、動物実験の悪い部分しか伝えられていないと同時に気づかされて、少し悩んでしまいました。そこから、自分の言葉で伝えることは必要不可欠だと感じたし、悪い面だけじゃなくて良い面も伝えるようにした上で、反対か賛成かはその人自身が考えられるような伝え方をしたいと思うようになりました」

彼女がこのテーマに出会ったきっかけは「動物が好きだった」ことです。最初から動物実験をテーマに絞っていたわけではなく、「動物保護活動をしている人に取材したいです」と先生に相談したところ、たまたま動物実験を改善しようとしている人に出会い、このテーマに没頭することになりました。彼女はもともと絵が得意だったこともあり、「絵本として表現する」という形になりました。高校1年生で絵本ができてからは、その絵本をもとに学内の文化祭や学外のアースデイなどのイベントでたびたびワークショップを行いながら伝えていく活動を行っていました。絵本をベースにした表現方法をアレンジして、映像をつくったり、参加者が工作する工程を加えたり、また時にはドーム型の展示スペースをつくったりと非常に幅が広がっていきました。メディアからの取材なども受ける場面もあり、とてもクリエイティブでアクティブな高校生活でした。

そんな彼女ですが、中学生の頃から積極的なタイプだったかというと、決してそうではなく、彼女の言葉でいえば「中学生は暗黒時代だった」とのことです。彼女はインタビューでこのように答えています。

「進学した公立中学校ではテストの成績でしか内申点の高低を決めてもらえず、提出物が満点でも評価してもらえないということが多すぎて、本当に嫌でした。部活は3年間卓球部に所属していましたが、ずっと辞めたいと思っていたのに、辞める勇気もなかった。勉強も部活もうまくいかなくて、周りに悩みを相談できるほど心の強い人間でもなかったため、中学校時代は暗黒期でした。」

このような中で、新渡戸文化高校に出会い進学をしてくれましたが、そのきっかけは高校の説明会で聞いた「新渡戸文化高校に入り、100人の大人に出会おう！」というメッセージでした。新渡戸文化学園では実際に数多くの社会人が教育に参画してくれています。そして学校内だけでなく、外出や旅などを通じて多くのフィールドに出かけます。「様々な大人に会う」という点でいえばもしかしたら日本一かもしれない、と思うことがあるほどです。「100人の大人に出会う」は3年間かけて、というイメージの言葉でしたが、実際には1年間で100人以上会う生徒が昨今増えてきています。最も多い子は1学期だけで100人以上会います。会う先で名刺をもらうので、自分の名刺を持つ生徒たちも数多くいます。そしてこの生徒も「100人の大人に出会う」を実際に始めることにして、動物実験の課題に出会いました。彼女はそのことをこんな風に話してくれています。

「学校だけでは見えない世界がたくさんあり、100人の大人と会えば100の世界を一気に見ることができます。とてもたくさんの本を読んだような感覚であり、その話をしてくれた人と自分の原体験をつなぐこともできます。たくさんの大人と話すことは、その人自身を変えるきっかけになると思います。」

中学時代うまくいかず、もともと人前で話すのは苦手で、高校に入ってからも最初はグループ発表で話すだけで「泣くほど緊張した」という彼女がこのように変容していく姿は本当にまぶしいものでした。高校での探究を通して成長したことを振り返ってこのように話してくれています。

「人を尊敬できるようになりました。これまでは成績優秀な子をすごいなと思うくらいでしたが、新渡戸に入ってからは、この子にしかできないことがあってすごいなとか、この子みたいになりたいなとか、その人の本質や人それぞれの良さを見るようになりました。人にはそれぞれ違うすごさがあります。」

「国語が80点で数学が70点の生徒」、人をこう表現するとほとんど無個性で、こういう人は日本中に何万人もいます。一方で「動物実験のことを絵本を使って全世代に伝える人」こういう風に表現すると唯一無二の存在になってきます。「テスト・内申点・偏差値というものさしを通してではなく、私という人間の本質そのものを見てほしい」――彼女の言いたかったことはこういうことかもしれません。

プラモデルからの出発

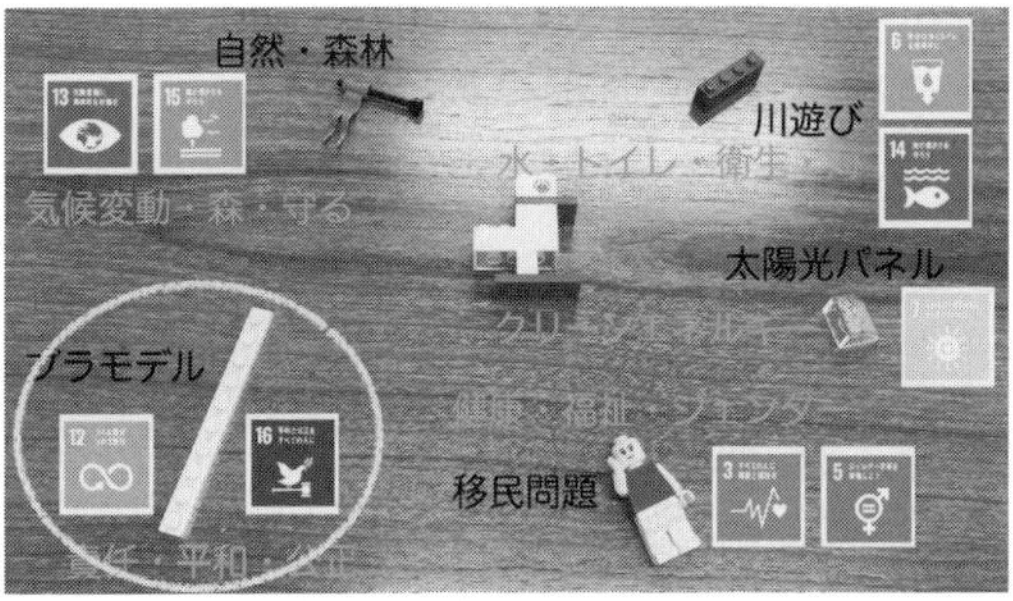

次にご紹介する高校生も、中学時代までの学校生活は決して楽しいものではありませんでした。入学時からおとなしい物静かな印象の生徒でした。学校に苦手感があるようにも見えました。彼の探究テーマも何かが定まっていたわけではなく、模索の日々が続いていました。そんな時に、新渡戸文化高校の先生たちは、テーマを提示したり導いたりということを過剰にすることはありません。自分自身で納得するものを見つけて探究していってほしいからです。

ある日の水曜日のクロスカリキュラムの中で、彼の興味のあるものとSDGsを関連させて整理していました。その時に出てきたのが上のスライドのものでした。自然・森林、川遊び、太陽光パネル、移民問題とあり、左下にプラモデルとあります。

この中で「プラモデル」は一見、最も学習と関係がなさそうなものですが、先生はここからの広がりの可能性が見えたのかもしれません。彼が好きなのは軍艦のプラモデルということでした。

ある日彼と先生が話をしている時に一人の人物の話になりました。その方は西崎信夫さんという名前です。西崎さんは、『「雪風」に乗った少年〔十五歳で出征した「海軍特別年少兵」〕』という本の著者の方です。Amazon の本の紹介にはこのように書かれています。

「必ず生きて帰ってこい」――
その母の言葉を胸に、知られざる「海特兵」として15歳で出征、「武蔵」「信濃」そして「大和」の沈没を間近に目撃した少年の〝生き抜く力〟の物語。

この高校生がＴＶの番組で西崎さんが紹介されているのを見て、直接話がしたい気持ちを持ったことを話すと、先生は「ぜひ取材しようよ！」と勧めました。そこで彼は出版社に問い合わせをして許可をいただき、ある日職員室から西崎さんにお電話をしました。先生が電話することもできたのだと思いますが、彼の思いを直接伝えることが大切だと考えたのです。知らない人に電話をかけるのは大人でも緊張するものですが、初めてのことだったかもしれない彼も大変な緊張の中、震える手で電話をしました。緊張で声は上ずり、何を言ったのかも覚えていないほどだったのですが、西崎さんに彼の思いは伝わったようで、その日の電話で後日お会いするお約束をいただくことができました。

そして後日、彼は西東京市にある西崎さんのご自宅を訪ねることになりました。西崎さんのご年齢は当時93歳、少年兵として戦争に行った方でもこの年齢なので、語れる人はもうかなり少なくなっています。ちなみにお会いすることができたのは2020年の10月のこと、東京の新型コロナウイルス感染症の第2波の時期になります。高校生を自宅に迎えるご不安もあったことと思います。改めて西崎さんのご厚意に頭が下がります。2人はマスク着用はもちろん、西崎さんはテーブルに座り、生徒は床に座り、距離をとって、しかしゆっくりと話を聞かせていただきました。

「機関銃を撃ち合った。相手が見えた。自分も相手も泣いていたんだ……」

「戦争が終わって帰って、母に『敗戦してすみません』と言った。母は『何を言ってるの、命あることが全てよ！』と言ってくれた」

「こうして生徒が会いに来てくれたのは初めてだ。とても嬉しい」

お話を聞き、彼は大きな衝撃を受け、そして思ったのです。

「この言葉を伝えなければ」「その記憶を残さねば」

新渡戸文化学園では年度末に1年の学びをアウトプットする機会である「スタディフェスタ」があります。彼は、その時の経験をもとに2021年2月のスタディフェスタで得意の軍艦プラモデルの展示と共に、西崎さんからお聞きしたお話を見事に表現しました。一般的な探究活動であれば、課題を見つけて、インタビューし、校内でアウトプットする、このプロセスで十分なのかもしれません。実際に彼もこの段階ではまずまず満足をしていたそうです。しかし新渡戸文化高校では年間を通じてクロスカリキュラムがあります。模造紙に発表して終わりではなく、最終的に行動者になることが推奨されています。先生からも「さらに掘り下げようよ」という励ましがあり、彼もそこからさらに活動が加速し、大きな一歩を踏み出すことになります。

スタディフェスタから4か月後の2021年6月23日、彼は水曜日のクロスカリキュラムの日になんと全校生徒向けに西崎さんのオンライン講演会を企画し実行するのです。このエピソードを中学時代の彼の先生が聞いたら相当驚くと思います。そのくらい彼はみんなの前で何かをするようなタイプではなく、かなりおとなしいように見える人だったのです。日本全国で考えても、高校で全校生徒向けの講演会を企画する子が何人いるのでしょうか。おそらくほとんどいないと思います。先生たちも彼がこの一歩を踏み出したことに大いに感動したそうです。

6月23日であったことには意味がありました。沖縄慰霊の日なのです。この日は沖縄戦等の戦没者を追悼する日と定められており、毎年、沖縄平和祈念公園では戦没者を慰霊する式典が行われます。この年の6月23日が水曜日であったことが彼の勇気を後押ししたのかもしれません。彼が「西崎さんの生の声を届けたい！」と企画し、全校に向けて西崎さんの家から中継した講演会は、高校生たちに非常に大きなインパクトを残しました。大成功だったと言えます。このオンライン講演を終えた西崎さんは「感染症の拡大もあり、体力的にも語り部を続けるか悩んでいた。でもこんな風に伝えられることを初めて知った。まだできることがあると思った。またぜひやりましょう！」と話してくれました。

しかしその5か月後の11月、事態は急転します。西崎さんが天寿を全うされたのです。ご家族にも可愛がられていた彼はお葬式に呼ばれ訪問をし、その帰り道にこのように決意しました。

「西崎さんの魂を自分が引き継ぐ」

そして次の年の2022年6月22日、今年の沖縄慰霊の日のタイミングでも彼はさらに大きなことを成し遂げます。当時戦争状態にあったウクライナから日本に逃げてきた方や戦場カメラマンを招いて、今度は体育館で全校生徒向けのシンポジウムを実施するのです。このシンポジウムに際して彼は西崎さんの入っていた語り部の会に協力を仰ぎ実現しました。現在進行形で起きている戦争の話はやはり参加者に大変強い衝撃を与えました。

その日の彼の表情は非常に決意に満ちたものでした。

入学時には「卒業後は、何かの専門学校に行ければ」と考えていた彼は、人生のテーマを見つけ、大学で歴史学を主軸に進学をしました。進学における面接では、高校での一連の活動の話を語ったのだそうです。おとなしかった一人の少年が、さなぎが蝶になるように、素晴らしい青年に脱皮したかのようで、私たちは心からの拍手で見送りました。大学に進学している今では歴史の学習に加えて、戦史研究会に

も所属をしています。そこでも高校時代の動画を流したのだそうです。今度の文化祭では西崎さんをテーマにした冊子をつくることを計画中です。75歳以上年が離れた2人でしたが、探究をきっかけに出会い、西崎さんの魂は確かに若者に引き継がれているのです。

鉄道少年

もう一人ご紹介するのは、今度は小学生です。彼が小学5年生の時のお話です。彼は当時学校に苦手感を抱えていました。学校に苦手感があると生活全般にもうまくいかない感じがあったと思います。自分の気持ちと行動の折り合いがつかない日々がありました。
そんな彼は学校以上に放課後の時間が好きでした。新渡戸文化学園にはVIVISTOPという空間があります。VIVISTOPについては、HPにこのような説明があります。

VIVISTOPは子どもたちがやりたいと思う気持ちのままにつくったり試したりできる、偶然性に開かれた空間です。クラフトツールやデジタル機器などがそろった

環境でアイデアを形にする活動を通して、創造性を育みます。

新渡戸文化小学校にはアフタースクールがあります。アフタースクールは文字通り学校が終わった後の放課後の取組で、毎日開校されます。①学校施設をフル活用②毎日開校され、いつでも誰でも来られる③多様な体験がある、という三つの特徴があります。小学生の放課後といえば学童保育（正式名称：放課後児童クラブ）が一般的で、それは共働きや就労家庭の保護者の子どもを「預かる」という趣旨の施設を指しますが、アフタースクールは家庭の就労状況に関係なくどの子でも来られますし、「子どもが主体的に好きなことや得意なことに取り組む」ことが大切にされており、スポーツ、音楽、表現活動、ものづくり、料理など様々な活動が展開されます。新渡戸文化アフタースクールでは、毎日8～9種類のプログラムが開催されており、1年生から6年生まで100～150人くらいの生徒が参加をします。この人数は、全校生徒の3分の1から多い時には2分の1の参加ですので、40人までを一つの活動単位とする学童保育とは大きな違いがあります。校庭・体育館をはじめ特別教室から普通教室まで、学校施設が放課後にもフル活用されていることがこのようなダイナミックな活動を可能にしています。その中で子どもが自分の過ごし方を自分で決めていくのです。

この彼もアフタースクールが大好きで、その中でVIVISTOPによく顔を出していました。そしてそこで色々とつくっていました。VIVISTOPでは「これをつくろう」と無理に大人が促すことがありません。そこで彼は好きな電車をテーマに、プラレールに組み合わせて使える見事な鉄橋や、「方向幕」と呼ばれる電車の反転フラップ式の表示機をオリジナルで制作していました。

VIVISTOPにはクルーと呼ばれるスタッフの他に、実際にエンジニアやクリエイターの仕事をしている人がフラリと立ち寄ってくれるシステムがあります。ある日、彼がそんな大人とものづくりをしながら何気なく話をしていたところ、彼が小さい頃から非常に多くの鉄道写真を各地で撮っていることが分かりました。そしてその場で一部の写真を見せてくれました。そこである大人が言いました「素晴らしい写真だね、そんなにたくさんあるなら展覧会をしてみたら?」。この一言がきっかけになり、彼はその日から今まで撮った1万点以上の写真を厳選する日々に没頭します。来る日も来る日もこれまで日本各地で撮った写真を見て、迷って悩んで、ついに珠玉の12点を選び抜きます。

その12点の写真をVIVISTOPの壁に飾った展覧会が実施されることになりました。

彼の人生初の個展です。
　この個展に思わぬお客様が訪れることになりました。それは小学校の隣にある新渡戸文化子ども園に通う幼児とお母様の親子です。鉄道が好きな園児のご家庭が「鉄道写真展」の噂を聞きつけ、見に来てくださったのです。人生初の個展で、人生初のお客様だったかもしれません。小さな幼児の親子のお客様を膝をついて迎え、嬉しそうに説明する彼の笑顔が忘れられません。その後、教職員も含め色々な人が見に来てくださり、彼に前向きなコメントをたくさんくれました。当時の彼を見ていて私は何かが変わっていっている気がしました。
　その後もＶＩＶＩＳＴＯＰに来ていた彼は、ロボットコンテスト開催の知らせを見つけて、今度はそれに没頭するようになりました。ロボコンは時間内に与えられたミッションを自作のロボでクリアしていく取り組みです。

大人がやっても簡単なものではありません。何度もつくっては失敗し、そのたびに改良し、工夫に工夫を重ね、ついに大会当日を迎えました。私は審査員として参加をさせていただいていました。彼のつくったロボの名前は「Panorama super」。出場者の中で唯一、二つのコントローラーで操作する大変難易度の高いロボでした。このロボコンは制限時間5分の間にフィールドの中からロボットがボールを集めてきて点数を競うものです。フィールド内には普通に置かれているボールもあれば、高いところにあったり、障害物に隠れていたりと難易度の高いボールもあります。緊張した面持ちでスタートした彼のロボ、しかし最初の1分30秒は一つも取れません。ピンチです。一度PAUSE（小休止）を取りました。操作とロボが思うように連動しない点を調整することになりました。真剣かつ心配そうな表情で調整されたPanorama superは活動を再開します。そしてここから一気に巻き返します。最も難易度の高いトンネルのボールを取ることに成功し、残りの3分で18点を獲得しました。全員が終わった結果、なんと彼は優勝しました。優勝した感想を求められ「まだ、夢見てるみたい」と話しました。これは心の声だったと思います。今までなんだかうまくいっていなかった毎日が色々と変容し、夢中になることが生まれて、なんとコンテストで優勝までしてしまった、まさに「夢のような」気持ちだったと想像します。そのロボコンを見ていたお母様は「一緒に喜んでくれる仲間に囲まれて、とても幸せそうで…、お誕生日でもないのに「生まれてきてくれてありがとう」と思わず呟いてしまうような、親にとっても特別なひと時でした」というお話をしてくださいました。私たちも思わず涙が出るような気持ちになるひと時でした。これらの経験を通して彼の中に変化が起きてきました。自分自身が夢中になっていることを学校の中で表現できたり、それを大切に思ってくれる存在に出会えたりしたことで、「自分らしくいていいんだ」という自己肯定感が育まれたのだと思います。彼は現在も学校や学習に対する疑問を抱えつつも、葛藤し続ける静かな逞しさを養う日々を過ごしています。彼の笑顔に出会うたびに私はあの展覧会で親子をもてなす風景が脳裏によみがえります。

3人に共通する三つのもの

ここまで3人の生徒たちの成長の様子を描いてきました。私はこの3人の変容に三つの共通点があると感じました。

■「好きなもの」

これがこの3人を変えた共通のものです。好きなものの周りに学びの種があり、それを追求する中で彼らは大きな成長を遂げているのです。

3人が好きだったものは「動物・プラモデル・鉄道」です。私たちは日頃、こうしたものは「学びとは関係ない」「学校には不要」「受験の役に立たない」と片付けていないでしょうか？　そうだとすると、実はそのことは宝の地図を自ら捨てるようなとても勿体ないことかもしれません。好きなものの周りにこそ探究の種が溢れているからです。

ある日、高校生の生徒と話していて、ハッとしたセリフがあります。それは「自分で調べたものは忘れない」という言葉でした。シンプルな一言ですが、とても核心をついていると感じました。思えば私たち大人は一夜漬けも含めてすぐに覚えて、すぐに忘れるような学習をくり返してきたのではないでしょうか？　彼らが自分の「好き」の周りを探究して、自分のものにした学びは一生ものであるのだと確信しています。

好きなものを学びに取り入れるもう一つの効果は生徒と先生の関係性が変容していくことです。冒頭に紹介した高校生から感じた「テスト・内申点・偏差値というものさしを通してだけではなく、私という人間の本質そのものを見てほしい」というメッセージもあるように、生徒は今の自分に向き合ってくれることを求めています。その時に「いま、好きなもの」を肯定してくれることはその具体的な方法になります。先生がそれを肯定して「面白いね」「すごいね」と言ってくれて、「好き」の周りに探究の種を探す中で、教える↕教わるという関係が「ともに学ぶ」に変容し、信頼関係が培われていくのです。この点も非常に大きなポイントです。

■「予期せぬ出会い」

これが二つ目の共通要素です。彼らは好きなことをきっかけに今まで自分のフィールドの全く外にいた人と出会いきっかけを掴んでいます。逆に言えば日本の小中高生は同世代の同価値観中心の非常に狭い世界で生きているとは言えないでしょうか？　小中高の12年間は学校と家の往復だけして、受験に備える生活に見えます。そして色々なものを見せると、受験に悪影響があるのでなるべく社会に触れさせないようにしているようにすら見えます。日本の18歳は非常に幼く、社会課題に関心が薄く、将来の夢がない、という結果が多数報告されていますが、それはこのような過ごし方に起因しているのではないでしょうか。

多感な小中高時代こそ、たくさんの大人に出会い、様々なフィールドに飛び出し、価値観の揺さぶりを受けるべきではないでしょうか？　そうして前後左右の様々なベクトルに自分自身を置いたことで初めてその子らしい軸が生まれるのではないでしょうか？　それを私たちは「自分らしさ」と呼びます。自分らしさは一人で考えて見つけるものではなく、様々な人との出会いの中で見つかるものだと思うのです。現代の日本では18歳が成人ですので、小中高の12年間でそうした価値観の揺さぶりを経験してほしいと心から願います。今回ご紹介した3人は最初から出会いを求めて積極的に動き回る生徒ではなく、むしろその逆でしたが、色々と動き、想像できないような展開があり、きっかけを得ていきました。そうして動けたのは好きなもの、自分で選んだもの、であったからだと思います。ちなみにこうしてテーマを掴んだ子は自分の希望する進学先も見えてきて、学習意欲も湧いてきて、受験を通過点のように突破していっています。

■「誰かのために」

これが三つ目の共通要素です。探究は自分自身の興味に従って進めていく活動ですが、この3人が加速した原動力は、その探究が「誰かのためになる」というエンジンがあったからだったように思います。「動物実験の動物に空を見せてあげたい」「戦争反対を訴えた西崎さんの魂を引き継ぎたい」「自分の鉄道写真で幼児の親子が喜んでくれた」そんな「誰かのために」が彼らの中に息づいた時に、さらに本気度が増し、速度が上がりました。

思えば、私たちは「自分のためだけに頑張れる」という人は少ないのではないでしょうか。受験勉強はほとんど「自分のため」のものです。いくら将来のためといえども、そこに辛さがあります。それでもなお乗り越えた受験の勝者は素晴らしいとも言えますが、一方で「受験が終わったら学ばなくなる人」を大量に生み出していないでしょうか？　実際に「日本の社会人は世界の中で最も学ばない」というような不名誉なデータを見ることもあります。

彼ら3人、あるいは新渡戸文化学園で見ている多くの生徒は、「好きなもの」を中心に探究を組み立て、そこから色々と動く中できっかけになる人や場所や出来事と「出会い」、そしてその活動が「誰かのために」なることに気づき加速をしていきます。そして「一生忘れない学び」を手に入れるのです。小中高で出会ったテーマは、彼らが18歳時点で次の進路を決めていく際の大いなる羅針盤になります。進学先だけでなく、生涯大切にするテーマになるかもしれません。そしてこうした学びのプロセスを体験した子は生涯学び続けるのではないでしょうか。それが私たちの目指す『自律型学習者』です。

このような生徒たちが育っている新渡戸文化学園での学びのデザイン、そして皆さんの発想の刺激となるヒント、次からの章でぜひご確認ください。

（平岩　国泰）

第1章

＃『あなたの学びは、あなたが決める』

You decide what you learn.

ヒント
01

学びの舵を握るのは学び手本人

#『あなたの学びは、あなたが決める』

全ての教育活動を「子どもが主語」にしたい

序章でもご紹介したように、新渡戸文化学園では、2019年から新しい教育づくりに積極的にチャレンジしています。教育の最上位目標を「Happiness Creator」と定め、これにつながるよう、全ての教育活動を見直し、再設計しています。その実現に向けて、いくつか重要なキーワードがありますが、そのうちの最も重要なもののひとつが、「**全ての教育活動を『子どもが主語』にしたい**」というものです。

これは理事長である平岩の言葉でもあるのですが、学校という場所が、子どもが主体的に学ぶ場所、子どもの存在を中心としたものになってほしい、という願いが込められています。逆をいえば、これまでの学校が真に子どもが主語の場所でなかったのではないか、という問いかけでもあるということです。

ここで、少しだけ自己紹介をさせてください。私は、新渡戸文化小学校で校長補佐を務めている遠藤崇之と申します。私自身、今はこのように管理職として教師をしていますが、これまでのキャリアの多くは民間企業に勤めていまして、紆余曲折、二転三転、七転八倒いろいろありまして、今の立場になった次第です。

教員になった人の動機を伺うと、子どもの頃学校が好きだったので教員になった、というタイプと、実は学校があまり好きではなかったけど教員になった、という2タイプがあるように思います（そりゃそうですよね）。そして私は、明らかに後者でした。あまり学校という仕組み自体が好きではなかったのですが、人の成長に関わる仕事をしたいという思いが捨てきれず、キャリアチェンジをしたという経緯です。

では、なぜ学校が好きではなかったかというと、学校という場が醸している「枠にハマった感じ」というのが、どうも苦手だったからだと思います。決められた枠組みに従う、集団に合わせるのが大前提であるということ。自分自身の性格の問題でもありますが、私にとってはこれが学校の息苦しさの根本にあったと思います。

「学ばせる」から「子どもが学びの舵を取る」へ

教員になってしまえば、学校がそのような枠組みを持っていないと学びの場としての機能も維持できないというのは当然なことも理解できます。しかし、子ども当事者としてみたら、やはりそこには自分の思いを常に押し殺すような息苦しさがあるでしょう。

その脱却に向けて鍵となるのが、この項のタイトルでもある**「学びの舵を握るのは学び手本人」**というコンセプトです。**学校での学びは、子どもが享受する客体としてではなく、子どもが自ら選んでつかみ取っていい。**私たち教員が常にそのようなスタンスであることを目指しています。

もちろん、子どもが主体的に学ぶことは、どの学校でも、どの先生も否定はしないでしょうし、皆さん目指されていることだと思います。しかし、現実的に見ていくと、「学校の都合で」「先生の都合で」子どもを「学ばせる」ことが、学校現場では起きていないかという自戒、自省を込めているという意味合いもあります。したがって私たち新渡戸文化学園では、本当にダイナミックに子どもたちに学びの舵を手渡すような仕組みを導入しています。この後、小中高それぞれでの実践についてご紹介しますが、小学校でのルールメイキングなり、中高でのプロジェクトなり、抜本的に子どもたちに学びの舵を渡す取り組みを展開しています。

仮に、子どもの周囲の環境への主体性レベルに関する「参画のはしご」理論の言葉を用いて考えると、**「8．子どもが主体的に取りかかり、大人と一緒に決定する」「7．子どもが主体的に取りかかり、子どもが指揮する」**など、できる限りはしごの上の段の状態を目指すともいえます。私たちは教師の思い先行で、お飾り参加、形だけの参加になっていないか今一度見直したいところです。

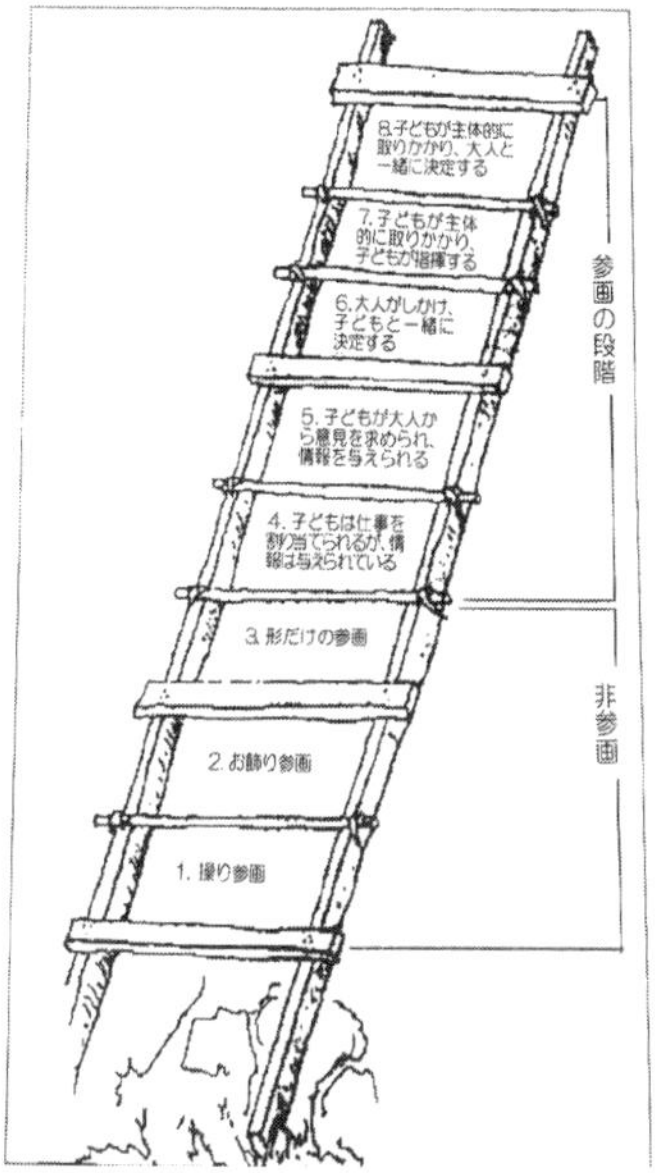

『子どもの参画』（ロジャー・ハート，萌文社，2000）から

ただし、参画の度合いとしてどこを目指すのかは、対象とする子どもの発達段階などを十分に配慮する必要もあります。その見定めが、PBL実践（82頁参照）を目指す教師の腕の見せ所と言うこともできるでしょう。

（遠藤　崇之）

＃『あなたの学びは、あなたが決める』

問いや意欲のために〝余白〟を持つ

「自律型学習者」には「余白」が必要

次にお伝えしたいことは、**「余白」**というキーワードです。新渡戸文化学園では、教育活動の中で意図的に「余白」をつくることを心がけ、子どもの意欲を引き出し、学びの契機になる問いが生み出されることを期待しています。

「教育には余白が必要」ということを否定する教師はなかなかいないでしょう。余白、つまり余裕や遊びがあるからこそ、好奇心や新しい道への挑戦する意欲が生まれ、または少しつまずいてしまった時にも、再び起き上がって前に進む力が湧いてくるものです。また、新渡戸文化学園の教育で目指すのは**「自律型学習者の育成」**です。自分で状況をよく観察して考えて判断し行動していく人になるためには、心に余裕のある人であることが大事です。そのためにも、特に学齢期には、余白がある人生時間を経験しておくこと、この原体験があるからこそ、自律的な人格を形成できると考えて実践しています。

序章でも紹介しましたが、新渡戸文化学園には、VIVISTOPというクリエイティブ空間があります。ここは、訪れた子どもが、自分の頭や心の中にあるアイデアや想いをクルー（スタッフ）や仲間と一緒にものづくりをして形にする場所です。レーザーカッターや3Dプリンターなどの最新工具が揃っていますが、VIVISTOPの価値は「スゴい工作室」ということではなく、「こんなことしたいなぁ」「こんなものがあったらいいなぁ」という一人ひとりの想いを、人と協力しながら現実世界に生み出していくことにあります。最近では、必ずしもものづくりをしなくてもよく、居場所としてまずはそこにいるだけでもOKだそうです。

VIVISTOPは、誰かに教えられたり、こなさなければいけない課題があったりするわけではなく、自分の中にある発想に基づいて活動が始まります。これも序章でご紹介しましたが、電車好きな小学5年生が、「方向幕」と呼ばれる電車の反転フラップ式の表示機に憧れ、VIVISTOPでレーザーカッターなどを駆使しながら、自分で設計した模型を作り上げていたのは印象的でした。まさに、好きをカタチにしている瞬間だと思えました。VIVISTOPこそ、「余白」を活かし、育てる場なのです。

また、VIVISTOPのチーフクルーである山内佑輔さんは元々小学校の図工の教員でしたが、彼の授業やVIVISTOPでの活動で大切にしていることこそ、「余白」だといいます。山内さんは、子ども本人の「やってみたい!」を引き出す様々な仕掛けを最初に用意したら、その後にはできる限り規制はつくらずに子どもの自由裁量の余地をしっかりとつくって、やってみたいという思いを減退させないような授業づくりをしています。彼は、余白を使って子どもの意欲を引き出すのです。

今の学校には余白がない?

しかし、世の中の学校や子どもの様子を見てみると、**余白はどんどん減っていっている**ように感じます。学研総合教育研究所の調べによると、1989年には習い事をしている小学生は39・1%だったのに対し、2019年では80・4%と、30年で倍になっています(もちろん、習い事自体が悪いわけではありません)。私が初めて教師になった時、子ども同士で放課後の遊ぶ約束を取り付ける時に「○○ちゃん、今日空いてる？」という言葉を使っていたことに驚いた記憶があります。まるでビジネスマンが打合せのアポイントを入れる際のやりとりのようです。子どもにしてみたら、塾や習い事が入っていない「空いている」時間を見つけないといけない、という感覚なのでしょう。まさに、「余白」がないわけです。

学校教育においても同様です。特に子どもをしっかり管理したい学校では、始業前から「○○タイム」などの名称で、びっしりとスケジュールを決め、余白を埋めているところもあるようです。子どもを管理下に置きたいという学校側・大人側のねらいや、その学校が置かれた教育環境があることもわかりますが、こういう教育を続けていたら、「言われたことをやればいい」「大人のいうことを聞くことがいいことだ」という刷り込みをして、受け身の子どもを育てているのと同様です。

「ＡＩに仕事を奪われない子どもを育てるためには……」などと真剣に唱えながら、探究学習やアクティブ・ラーニングなどの新しい手法について研究を進めているのに、基本的態度として余白なしの管理的な学校・学級運営をしているということは、言動不一致以外の何物でもないと思います。

（遠藤　崇之）

ヒント
03

＃『あなたの学びは、あなたが決める』

サービスせず、サポートする

サービスしがちな存在であることを自覚することからはじまる

２０２０年に今の学習指導要領が施行されて以来、教師の役割も、教えるだけでなく子どもの主体的な学びを支援する伴走者である、という考え方が一般化してきました。新渡戸文化学園の教師も、子どもたちの伴走者でいること、過剰な手出しをしすぎないことを大切にしています。それが、**「サービスせず、サポートする」**ということです。

よい教師、よい教育、ということが、子どもに懇切丁寧に教えること、すぐにわかるように教えることだとする考え方自体は、教育を受ける側の方たちにしてみたら、そこに疑問の余地はないと思われます。しかし、それは教育によって何がもたらされるかという、

「目的」意識の違いによって変わってきます。知識やテクニックを付与して受験に合格することが目的である塾などであれば、早くわかりやすく学力を得られればよいでしょう。

一方、私たち新渡戸文化学園の目的は、子どもが自律型学習者になっていくことです。そのためには、教師が先回りして子どもが全く困らないように手立てをうっておくのではなく、**子どもが自分で考えて自分で決める余地を残しておく**必要があります。サービス過剰になると、その目的は達成できなくなります。

しかし、教師や教育にサービスを求める状況は、子どもや保護者の方にもあれば、教師自身がそう思ってしまっている場合もあると思います。懇切丁寧に関わること、すぐにわかるよう教えることは、子どもからある種の苦痛を取り除きます。しかしそれは同時に、成長に必要な糧でもある、自分で見つけ、考え、判断する機会を奪ってしまうこともあります。私たちは、常にこのことに自覚的でありたいと思います。私たちは基本的に、**よかれと思ってあれこれ先回りして手を差し伸べたくなってしまう**人種なのです。

これからの教師に求められるのはコーチング・マインド

『あなたの学びは、あなたが決める』

これは、授業の構成や学級経営の場面ではもちろんのこと、生徒指導においても同様です。例えば、授業時間中に子どもが一人でろうかに立っていたとします。様子は少しイライラしているようです。こんな時、あなたならどのように声をかけますか？

私たちの場合は、まず**「どうしたの？」「何か困ってるの？」**と状況を確認する声掛けをします。そこで話が引き出せれば、次に**「そして君はどうしたいの？」**と、本人に自分の目的を自覚的に気づいてもらおうとします。それが言語化されたら、**「先生にできることはある？」**と、はじめて教師からの働きかけを提案します。

これが私たちの目指すサポートするというあり方の一例です。このことは、行動習慣として染みつくまでには時間がかかりますし、教師自身のメンタルのコンディションによってもできる時とそうでない時があります。ですので小学校では、この3ステップについての話を、校長が会議や研修の場で折を見て繰り返し話しています。

学びの側面でも、教師が教えるシーンを極力抑える授業設計を心がけています。小学校では、自由進度学習を研究して取り入れている学年が増えてきました。後にお伝えする「全校ミーティング」という子どもが学校のルールや仕組みを決めたり変えたりする取り組みも、教師はサポーターの立場が基本です。

中学高校では、サポートという立場がより鮮明です。中学も高校も、一学期の早い段階で、「エンゲージメント週間」というものを設けます。これは、子どもたちが自分の興味分野を見つけるために、専用のフォーマットを使って自己分析をしたり、様々な大人と出会って対話を重ねたりします。また、自分の探究分野を発見するために、教師が様々なプロジェクトのタネを見つけてきて紹介したり、先輩生徒が自分たちのやってきたプロジェクトを紹介したりします。大人側はプロジェクトのおもしろさを伝えるに徹して、子どもの方から関心を向けるのを待ちます。これは確かに時間がかかりますし、なかなか大人の思い通りにいかないものです。これを大人側がどう乗り越えて、子どもが価値を発見するサポートができるかが、私たちの力量ということになってくるのです。大人の役割は、「教える」から、**適時適切なフィードバックをする**こと、そして**子どもが学びに向かって進んでいけるように勇気づける**こと、このようにシフトしていきます。

私は教員になる前にコーチングの資格を取得しましたが、新渡戸で求められる教員のあり方は、コーチのそれと非常に近しいと感じています。これからの教師に求められるスタンスは、まさにコーチング・マインドそのものなのではないかと感じています。

（遠藤　崇之）

デザイン 01

#『あなたの学びは、あなたが決める』

「自分で決める」のバランスを悩み続ける

小学校　関わり方・あり方

「どこまで整えたらいいんだろう……？」

授業をデザインする際も、それ以外の学校生活全般においても、この問いは全国の小学校の現場で悩まれているものではないかと思います。本質的な教育を目指そうとする私たち教師は、一斉に同じことをやらせる無意味さも、目的を見失ったルールで子どもたちを縛ることの不条理さも十分に理解しています。もちろん、このような手法で子どもたちを導く場面も必要ではありますが、こちらが整えすぎることをできる限り避け、子どもたちが**「自分で決める」場面をできる限り増やしたい**と願っている教師は多いはずです。

そしてその理想をもとに挑戦をしたとき、特に小学校段階でぶつかる問いの一つが「どこまで整えるべきか」という難題だと思います。学びにおいても生活全般においても「あなたが決めるんだよ」と伝え、それをサポートするような関わり方でありたい。けれど全てを丸投げすることはおそらく正しくない。ではどこまで整えればいいのか……。私たちも含め、多くの教師がこの難題に悩み続けています。

小学校段階に関わる教師が、この点について適切に悩み続け、そのバランスを模索しながら子どもたちと接することは、その後の子どもたちの成長に大きなインパクトを与えるはずです。そしてそれは「探究」を自分で力強く回していくことのベースになるはずだと、私たちは考えています。私たちは現在、次のように仕組みをつくりながら子どもたちと関わっています。

教師の思考回路をつくる

後述しますが、私たちは「プロジェクト型の学び」を意識し、様々な手法を用いて探究の学びをデザインしています。学び方や学びのまとめ方、時には学ぶ場所まで自分たちで決めることもあり、いわゆる〝自由〟な状態での学びが多くあります。しかしそのような自分で決める前提がある中でも、一般的に授業規律と言われるものを全て捨ててしまっては学びが成り立ちません。私たちはこのジレンマを悩み続け、現在は**「自律のための規律」**という合言葉と思考回路を全教職員で掲げ、「自分で決める」のバランスを悩む手がかりとしています。

「自律のための規律」とは、発達心理などの知見を踏まえて教員全員で対話してつくりあげた、子どもたちの社会性の発達の段階的な捉えです。自律的で自由な学習空間をつくりあげるために、どのように子どもたちの規範的な成長を支えていくかを話し合い、一泊二日の合宿を経てつくりあげられました。

授業中の様々なシーンや、学校生活で感じるモヤモヤを話し合って設定されたこの「自律のための規律」はルールではありません。私たち教師は常に目の前の子どもそれぞれの特性や背景を考慮しながら声掛けをしますし、その教師自身も様々な強みと弱みを持っています。それを前提として「悩んだ時、新渡戸の教師としてこういう風に考えてみよう」という思考の手がかりを設定したにすぎません。これが設定されたことにより共通の思考回路ができたため、以前より各教師が適切に悩みつつ自信を持って子どもたちと関われるようになりました。

この資料は常に対話によりブラッシュアップされており、ここで単に途中経過の資料を提示することはあまり正しくないように思えます。本校のnote記事に、この「自律のための規律」がどのように生まれ、初期段階ではそのような形をしていたのかを読むことができますので、ご興味があればご覧ください。

先生全員で1泊2日の合宿をした理由（新渡戸文化小学校 note 記事，2024年4月11日）

自分たちで生活を「決める」

学校生活の中での約束事を自分たちで決めることは、対等で公正な学校文化をつくるために欠かせないものです。日本財団が二〇二四年四月に行った「18歳意識調査」では、「自分の行動で、国や社会を変えられると思う」という問いに対して肯定的な返事をしたのはわずか45・8％に留まりました。このような諦めムードの漂う状況では、そもそもの探究心に火をつけることも難しくなるのではないでしょうか。私たちはこれを打開するためにも**【全校ミーティング】**というシステムを採用しています。

全校ミーティングは、学校のルールやシステムに対して、誰でも自由に議題を発することができるシステムです。学校の変えたいルールや、新しくつくりたい行事、みんなで確認したい約束事、困っていることなど、集まってきた議題をもとに、全校で話し合いがなされます。最終的には【新渡戸サミット】という各クラス代表・先生たち・保護者の意見が集まる場で、決定がなされます。全校ミーティングの大きな流れは次のようになります。

①全校ミーティング掲示板で議題を募集する
②代表委員会が議題を整理する
③元の提案者のプレゼンを聞いて、各自が話すべき議題に投票する
④決定した議題についてクラスで話し、意見を動画とボードにまとめる
⑤各クラスの動画とボードを見ながら、再びクラスで話す
⑥意見を集約した全クラスの代表者が新渡戸サミットに出席し、各学年の先生たちと、保護者の意見をアンケートで集約した代表者と共に議論をする
⑦最終決定

あくまで大きな流れなので、議題によってプロセスは変化します。今までこの全校ミーティングによって、好きな服を来てくる私服デーが生まれたり、文房具の約束が柔軟に定

義されたり、様々な変化が生まれました。実際に効力のある話し合いなので、新渡戸サミットはとても白熱します。代表者以外の子どもたちは、教室でオンライン中継を見ながらチャットで意見を投稿することもできます。

新渡戸の子どもたちにとって「自分たちで学校をつくるんだ」という意識の根底にあるのがこのシステムです。

「自分で決める」のバランスに対して、私たちは答えをもっていません。しかし、この難題に無理やり解を持たず、正しく悩み続けることが探究などの自律した学びのベースとなると私たちは信じています。この認識を共有し、対話し続けることができる教師が多く存在することが、私たちの唯一の強みかもしれません。

（栢之間　倫太郎）

デザイン
02

#『あなたの学びは、あなたが決める』

生徒が「自律型学習者」として学べるような教師の役割とカリキュラム

中学校　関わり方・あり方

目指すのは「自律型学習者」の育成

まず、学ぶのは誰でしょうか。もちろん、生徒たちです。最も発言しているのが教師だったり、連携先を予め決めてしまったりしては、生徒を主語にした学びとは言えません。

次に、何のために学ぶのでしょうか。ＯＥＣＤ（経済協力開発機構）は２０３０年の教育に求められているであろう未来像を描いた、進化し続ける学習の枠組みとして「ＯＥＣＤラーニング・コンパス（学びの羅針盤）２０３０」を示しました。ラーニング・コンパスという比喩には、**生徒たちが先の読めない環境の中でも自力で進み続け、責任意識をもって、進むべき方向を見つける力をつけてほしい**という願いが込められています。その中で中心的な概念になっているのが生徒エージェンシー（Student Agency）です。「変化を起こすために自分で目標を設定し、振り返り、責任をもって行動する能力」と定義されています。新渡戸では、生徒エージェンシーの概念を体現する生徒の姿を「自律型学習者」と位置づけています。指標として、四つのマインドと六つのコンピテンシーを定めています。

四つのマインドは心理的安全性を高めるためのものです。**自分と他者の可能性を認め、未来への希望を信じることで、自分らしく安心してチャレンジすることができます。**

①**【内発動機】**なりたい自分に向かって生徒の内側から生まれる動機を大切にします。
②**【他者尊重】**仲間と協働する学びの繰り返しにより他者を認めることができます。
③**【未来志向】**なりたい自分に近づくために「できない・苦手」を可能性と捉えます。
④**【自己承認】**ありのままの自分を認めることで周囲にも寛容になることができます。

六つのコンピテンシーは、「自ら学び続けられる力」です。自律型学習者となるために必要な力は、周りとの関係を調整しながら、自分をコントロールする力ともいえます。**繰り返し経験し、メタ認知を重ね、自分の学びを俯瞰し、次に活かすことで身につきます。**

①【自己理解】自分の強みや弱みを理解し、課題や可能性を発見し、目標設定します。
②【選択】より良い選択をする力や良い学びを選択する「戦略的学習力」を育てます。
③【対話】対話を重ねるとコミュニケーション力や感情のコントロールが身につきます。
④【つながる】グループワークや外部とつながる機会が特性の認識や社交性を育てます。
⑤【情報活用】現代社会に必要となる、適切に情報を見極めて活用する力を養います。
⑥【創造・表現】目的に応じて表現した価値を、最適な表現で伝える力を育みます。

これは、教員間で議論を重ねて出てきたものをもとに、「The OECD Learning Framework 2030」を参考にしてつくられたものです。そこには「Creating new value（新たな価値を創造する力）」「Reconciling tensions & dilemmas（対立やジレンマに対処する力）」「Taking responsibility（責任ある行動をとる力）」の三つの能力が「Well-Being 2030 Individual & Societal（個人と社会の幸福）」の実現に必要な要素とされています。新渡戸では、**世界が目指す教育を感じながら、目の前の生徒たちに学びを通して身につけてほしいコンピテンシーを、教員全員で議論した**結果、このようになりました。

このように、生徒に身につけてほしいコンピテンシーを言語化して、明示することには、二つの意味があります。一つは、**教員が指導計画を考える上で意識して作成できる**ことです。もう一つは、**生徒たちの成長の指標になる**ことです。何が達成できていないのか、そのプロセスの声がけの共通言語にもなり得ます。あらゆる教育活動でも、生徒たちにも「コンピテンシー・ツリー」として共有し、**学びによって身につく力を合意した上で活動を進めています。**

「ティーチャー」だけではない教師の役割

それでは、自律型学習者を育てるために必要な教師の役割は何でしょうか。かつては、学校に知識と情報が集まり、教師の役割は、生徒に効率よく知識を伝達することでした。そこでは集団に学習内容や指示をわかりやすく伝える「ティーチャー」であればよかったのかもしれません。しかし、自律型学習者の育成には、加えて次の四つの役割が必要です。

①**【ファシリテーター】** 生徒の協働学習を深めるための場づくりなどをする役割
②**【メンター】** 個々の生徒に寄り添い、適切な方向づけなどをする役割
③**【コーチ】** 生徒の強みを引き出し、成長の手助けなどをする役割
④**【ジェネレーター】** 生徒と一緒に問いに向かい、課題解決に参画するなどの役割

これらは「ティーチャー」を含め、どれが一番でどれかのみを担えばよいというわけでなく、生徒の自律の段階に応じて使い分けることが大切です。つまり、その学びの場面での**教育のねらいと目の前の生徒の状況に応じて教師の役割を選択し、多角的にアプローチをすることが生徒の成長につながります**。そのような教師が特に探究では必要になります。

一方、新渡戸文化学園で、教師は「教育デザイナー」と名付けられています。「デザイナー」という名に込められた、新渡戸における教師の役割は、「生徒たちの可能性を見出し、生徒たちの未来への道筋を照らしていく、そして多くの人と共有できるビジョンを描き出す」ことです。つまり、先述した四つの役割を兼ね備えつつ、現在の生徒や学校を越えて、未来の社会に向けて生徒と伴走し、その学びの設計ができる存在だと言えます。

*本文中の Challenge Based Learning は，Apple が教師や協力者とともに見出した学習モデルである Challenge Based Learning（現実課題に基づく学習法）を基に，新渡戸文化中学校・高等学校で実施できる形で運用しているものです。

目指す生徒像を育成するためのカリキュラム

学習指導要領は、コンテンツ（知識・技能）とコンピテンシー（資質・能力）を合わせて、「学力」と定義しています。文部科学省が方向性を示すように、コンテンツ・ベース（「何を学ぶか」）だけでなく、コンピテンシー・ベース（「何ができるようになるか」）も重視したカリキュラム・マネジメントが必要となります。新渡戸には、自律型学習者の育成を実現するために、「3C」カリキュラムがあります。**Core Learning** とは、全ての学びの根幹を築くための教科基礎学習です。**Cross Curriculum** は、複数教科の教員によって同時展開される教科横断学習です。**Challenge Based Learning** は、リアルな社会が抱える課題の解決に向けて外部連携して考え、行動していく学びです。Core-Cross-Challenge とスパイラル状に積み重ねながら学びをサイクルすることで全ての教科の基礎学力を高める必要性や意義を感じてきます。

（高橋　伸明）

『あなたの学びは、あなたが決める』

なぜ学ぶのか？～自分で決める～

中学校　高等学校　関わり方・あり方

幸福感と自己決定

幸福感と自己決定に関する研究レポートが経済産業研究所と同志社大学の共同研究で2018年9月に公表され、2020年6月に改訂版も発表されました（次頁QRコード参照）。国連の世界幸福度報告書からも日本国民の幸福度はそれほど高くないことから、幸福感と相関がある因子について研究しています。主観的幸福度に相関がある因子は、健康、人間関係に続き、自己決定が強い影響を与えていることが報告されています。興味深いのは、所得や学歴は相関しないという結果でもあったことです。20歳から69歳までの約2万人の調査からの分析なので、学校教育との影響については慎重に考察すべきですが、学校の在り方を問い直すには軽視できないエビデンスと考えています。

筆者も学校現場に身を置く者として、特に中学校や高等学校のカリキュラムのフレームが生徒たちの自己決定には窮屈な環境にあるように思います。また、自己決定という環境は、フレームのある中での選択なのか、ゼロに近い状態からの選択なのか、グラデーションを考慮しつつ、学校教育活動の中で、**生徒が「選択する」機会を当たり前にしていく学校変容**を推進したいと考えています。

西村和雄・八木匡「幸福感と自己決定—日本における実証研究（改訂版）」（独立行政法人経済産業研究所，2018年）

誰のために学ぶ？

2012年、筆者もJICA教師海外研修に選抜され、ブータン王国に渡航し、現地の複数の学校で授業をした経験があります。今でも心に残っているのは、嬉々として学ぶブータンの中高生の姿です。母国語の教科書がないハンデも感じず、全教科英語で書かれた教科書を使い、全教科で英語が公用語として活用されていました。私が担当した高校生は、みな英語で会話し、ノートも全て英語で書いていました。当然、全教科の先生方も英語で授業を展開していました。ホームステイをしたご家庭には当時中3・高1・高2の3兄妹が生活していましたが、3人同室の決して広い子ども部屋ではなく、机は1台という環境の中、毎日2時間以上の家庭学習を欠かさない3人の勉強姿を今でも鮮明に覚えています。

さらに衝撃的だったのは、主に高校生約100名に「なぜ、あなたはそんなに一生懸命勉強をするのか？」と質問をしたところ、多くの生徒が「国のため」と答え、少数派の答えも「家族のため」という回答で、全ての生徒が「誰かのために学ぶ」と答えたことです。

もし日本の高校生に同じ質問をしたら、なんと答えるでしょうか。平成17年の、国立教育政策研究所による高校3年生を対象にした科目の大切さに関する意識調査では、各科目の勉強は「入学試験や就職試験に関係なくても大切だ」と思うかという設問に対して、大切だと答える回答がとても少ないことが窺えます。少し古いデータではありますが、学校の在り方を問い直し続ける大切なデータとして受け止めています。ブータンの中高生は、**利己より利他のマインド**が窺えたのです。このマインドが、力強い学びの姿勢を生み出しているのではないでしょうか。また、幸福度もブータンの国民は高いことと、この利他的なマインドで学ぶ学校文化には関係性があるようにも感じます。

また、ユネスコ（国際教育科学文化機構）からは、2021年11月に最新報告書となる"Reimagining Our Futures Together: A New Social Contract for Education"（『私たちの

International Commission on the Futures of Education, *Reimagining our futures together:a new social contract for education;executive summary*（UNESCO,2021年）

未来を共に再想像する：教育のための新たな社会契約』）が刊行されました。ここには2030年の達成を目指すSDGsのその先の未来を視野に入れ、2050年の教育について論じられています。教育の再想像のテーマには、地球の健康のために、ノンヒューマンと人間との共生のために、子ども中心より自然界の一部としての子どもという見方が提言されています。より利他に、より人間中心から地球中心となる視座を目指しているのです。

誰のために学ぶのか。**卒業生が学ぶ目的を語る際は、利他的に、かつ、地球規模の未来創造に向かう目的を力強く語る中高生**が育まれる学校文化を目指したいと考えています。

生徒の「選択」はどこでできる？

生徒が選択する機会は、授業、行事、カリキュラムと様々な場面でデザインすることができます。ここでは、新渡戸で全教科、全職員が実施している**エンゲージ週間**についての事例を紹介します。

新渡戸では、各授業で、年度の初めや学期の初めに、「なぜ、この教科（分野）を学ぶのか」、そして、生徒たち一人ひとりが「この教科（分野）を学んで自分はどうありたいか」を考える時間を設定しています。毎学期、約1週間の期間を「エンゲージ週間」と年間行事で設定し、全教科で授業担当の先生と生徒たちで学ぶ目的を共有し、生徒一人ひとりが、学びの目的を自分なりに表現する時間を設定しています。

筆者が担当する高1・生物基礎では、生物基礎の学びと実社会をつなぎ、学ぶ目的を各自に設定する機会を学校の外でつくっています。

まず、学期ごとに、各分野の学びについて授業担当者から全力でプレゼンします。ここでは50分の授業のうち10分を目安に、各分野と関連する時事問題や、各分野と関連する未来志向の動画を導入しています。次に、3〜4人のグループを編成し、各分野の小項目を分担して、教科書を読みこみ、理解できたことをグループで共有することで、この時間は終わります。ジグソー法という手法で、教科書の概要を仲間同士で学び合います。

今学期の分野の中身について概要を理解した生徒たちは、次の時間で学校の外に出ていきます。フィールドは、学校周辺、公園、博物館、科学館、植物園など、分野の学びをつなげていけそうな複数のエリアを提示します。新渡戸の場合、

生物基礎の時間を3時間連続で、金曜日の午後に設定してもらっています。かつては、時間割変更や、土曜日の午後を事前に設定するなど、工夫もしてきました。

フィールドに出て、教科の学びとのつながりを持った生徒たちに、教科の学びを使って、未来で自分は何をつくりあげたいか、何を目的に教科の学びを活用していくか、問いかける時間を設定するのです。これは「学びのミライ地図」として生徒一人ひとりが各教科でデザインしていきます。

生徒たちも、私たち教員も、教科の理解を目的にする視点と、教科の学びを手段に、未来づくりに学びを生かしていく視点を養っていきます。教師にとっては、担当する教科の在り方を問い直す機会ともなっています。

（山藤　旅聞）

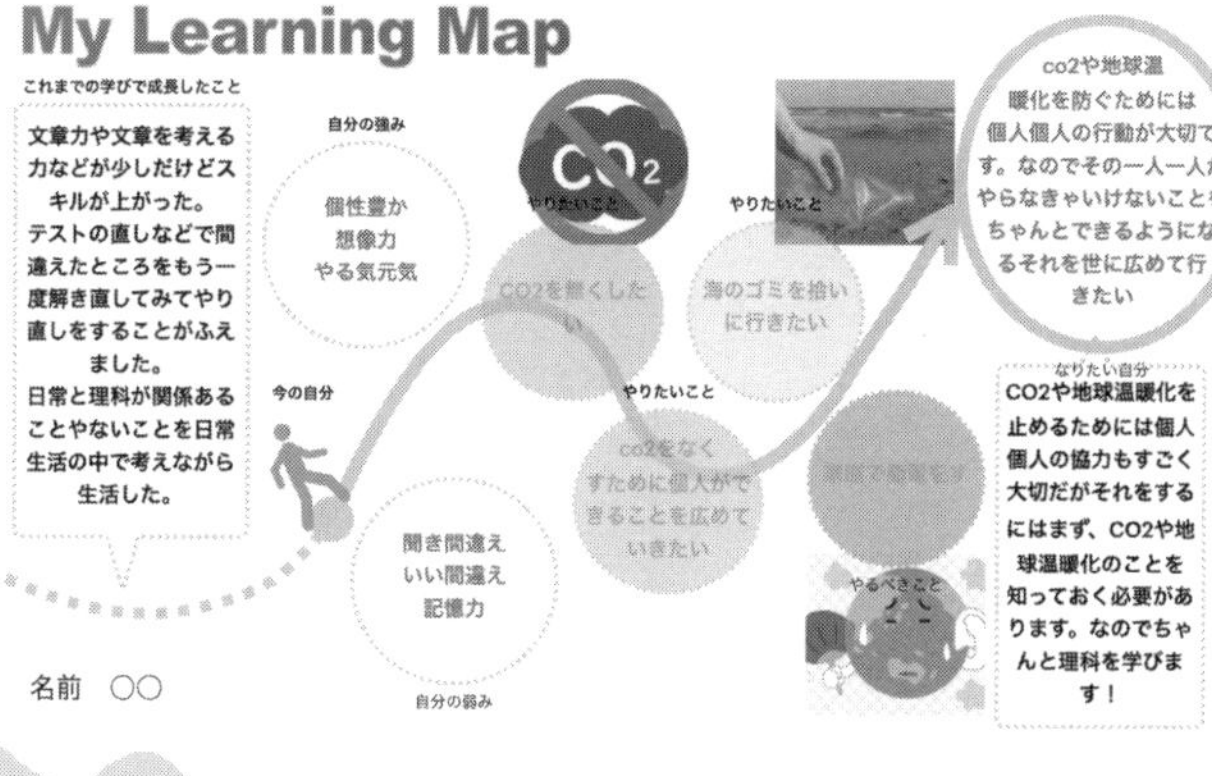

自分たちでルールを決めた子どもの声

デザイン01で紹介した小学校の全校ミーティングでは、制服がある私立ならではとも言える、「私服で学校に来てもいい日をつくりたい！」がテーマになりました。このテーマ、実は学校側にしてみれば、少なからずリスクがあるものなのです。何せ子どもたちが決めた私服デイの日程には、10月のハロウィンも含まれていたのです！　小学生として逸脱した服装をしてしまい、子ども同士でトラブルになったりしないか、通学中に地域の方々に不快な思いをさせたりしないか、内心ヒヤヒヤしていました。

そこで、対話の問いを**「どうしたら、みんながしあわせな私服デイになるだろうか？」**と設定しました。子どもたちは対話を通して、誰もいやな気持ちにならないために、「人の服装をからかわないようにしよう」「仮装をするなら学校で着替えよう」等のルールを自分たちで決めることができました。そして結果的に、当日はルールをしっかり守り、みんなが楽しくしあわせな私服デイを過ごすことができたのです。

このことを通じて私たちは、**「子どもは自分で決めたルールは、強制されなくてもしっかり守る」**ということをあらためて気づきました。子どもが学びの舵を自分で取った時、学びの結果にまで子どもたちは責任を持つようになるのです。

（遠藤　崇之）

第2章

#『あなたの一歩が、あなたを変える』

Your steps will change you.

ヒント
04

#『あなたの一歩が、あなたを変える』

子どもたちは一歩踏み出したがっている

子どもは放っておくと学ばない存在なのか？

第2章は、「あなたの一歩が、あなたを変える」と題して、子どもたちが自律的に学びに向かえるようになるための、新渡戸が考える方向性についてお伝えしていきます。子どもを信じて任せる、ということは、どの先生も目指している教育の姿であるとは思います。しかし、実際に学校という教育現場に立っていると、内外の大人から様々求められることも多くあり、子どもに任せるだけでは成り立たないと思ってしまう現実もあります。特に、教育環境として難しい地域や学校では、そのような考えが強くなってしまうかもしれません。私の経験上、小学校でも、いわゆる生徒指導上難しさを抱えた学校では特に、朝の時間や休み時間に「〇〇タイム」などと銘打って、教師が決めた活動を子どもたちにやらせることによって、無用なトラブルを起こす隙間をなくそうとするケースがあります。

　これも学校の実情によってはやむを得ない場合もあり、一概に全てを否定はしないのですが、このような動きの背景には、基本的に子どもは放っておくと余計なことをする存在であり、だからこそ学校が手取り足取り指導していかなければならない、という発想があるのかもしれません。

　しかし、そのような考えで常に子どもに接していれば、自分で周りをよく観て、自分で考え判断し行動する、自律型学習者としての人間は育たなくなります。そうした環境の下では、黙って上の人間の言うことを聞くことの方がいいということ、自分で考えるよりも指示に従っていた方が得をするということを学んでしまいます。結果的に、指示待ち人間の素地を学校で育てているようなものです。

　そこまで極端ではない学校でも、「教師として子どもにこれを学ばせなくてはいけないのではないだろうか」という思いに駆られ、ついつい大人がたくさん先回りして学習の場面でも指示を与え続けてしまうこともあるのではないでしょうか。

自然と「やりたい！」が湧き上がってくる「プロジェクト型の学び」

私たちは、**子どもたちは自ら一歩踏み出そうとしている、それをどれだけサポートできるかというのが教師や学校の役目である、**ということを常に中心に置いて学びを設計することを心がけています。小学校では、「プロジェクト型の学び」というコンセプトを通じてその実現を目指しています。学ぶべきことを学びつつ、学びたいという意欲が自然と湧き上がってくるような、教科書で示された方策に留まらない学びです。

例えば、学びのゴールに、子どもという存在と非常に親和性が高い「ボードゲーム」を制作するということを置いてみたりするのも、プロジェクト型の学びの一つの方策です。このことについては、デザインのページで詳しくお伝えをします。

スポーツデイ（新渡戸では、いわゆる運動会をそう呼んでいます）や宿泊行事ですら、低学年から「自分たちで行事をつくる」というプロジェクトとして取り組んでいます。先生が決めたことに乗っかるのではなく、自分と周りの友達や下級生をどれだけ幸せにできるかをゴールに置くことによって、モチベーションは上がり、子どもならではの創意工夫が生まれます。

新渡戸では、３年生から宿泊行事があるのですが、宿泊先や活動内容の大枠は教師が決めつつ、進め方や活動内容については子どもが考え、運営するようにしています。子どもたちは、自分が担当する活動のプロジェクトチームに分かれ、どのように進めたら皆が幸せな時間を過ごせるか、ということを念頭に置きながら企画を立てたり、本番当日の運営を行ったりします。キャンプを楽しくするのもそうでなくするのも自分たち次第となれば、準備も当日も子どもたちが一生懸命になるのも当然です。

最後に、象徴的だったエピソードをご紹介します。無事にキャンプを終えた3年生の子たちと「キャンプ楽しかったねー」などと雑談をしながら振り返っていた時、子どもから**「うん！　またあのキャンプやりたいね！」**という発言があったのです。「また行きたいね」ではなく、「またやりたい！」。この微妙な言い回しの中に、子どもたちは宿泊行事に連れていってもらったのではなく、自分たちで実行したんだという感覚の表れを感じることができました。

子どもたちは、常に一歩踏み出したがっています。それを支援するのが、私たち教師の仕事であることを、再確認した場面でした。

（遠藤　崇之）

『あなたの一歩が、あなたを変える』

ヒント
05

自分の問いをもつ

#『あなたの一歩が、あなたを変える』

「社会課題」ではなく「自分の好き」から始める

探究学習を進める際、よくある形は「1年生は地域のことを、2年生は……」と学年でテーマを決めたり、「社会課題について」というような大きなテーマに向かったりする形だと思います。このやり方は、ある程度の枠内に収まることや、探究学習で取り組むテーマに社会的意義を持たせるためには一定の効果があることは確かです。しかし、新渡戸ではそのような「枠組み」や「大きなテーマ」は決めていません。本校のテーマ設定で一番大切にしていることは、**「『自分の好き』と、『誰かの困ったやハッピー』を繋げてみよう」**というものです。もちろん「社会課題」となると誰もが納得するような意義や、活動を続けるにあたっての合意が得やすいことは確かです。しかし、どの生徒も等しく「自分が直接関わっていない社会のこと」を自分ごと化するのは極めて困難です。むしろ、全員が「社会課題の解決に向けて！」と鼻息荒く取り組んでいたとしたら、違和感を持った方がよいでしょう。どんな探究になるにせよ、「自分が興味ある」となるためにも、私たちは問いを「自分起点」にしているのです。

序章で紹介した2名の卒業生たちは、どの生徒も起点は自分の興味や趣味です。しかし、結果的には何かしらの社会課題と関連したプロジェクト活動を行っていました。彼らは、最初から「社会課題に向けて」という意識があったのではなく、スタートは「ちょっと好きなこと」です。そこから人や本、その分野の最前線に触れていった結果、自然と社会課題と言われるようなものに出会ったのです。もちろん、テーマが決まるまでに多くの時間がかかっていますし、テーマが変わることもありました。しかし、「自分の好き」が起点になっているからこそ、探究は止まりませんでしたし、次々と「自分なりの問い」が生まれていました。本質的で自走できる探究を目指すのであれば、**「起点」を生徒自身の内面から生み出すこと**は、極めて重要であると考えられます。

問い→行動→問いのサイクル

「探究学習」は学校の授業で行われる取り組みです。そのため一般的には授業の枠組みで実施され、学校の中で起きることになります。しかし、私たちは彼らの活動が「学習」という域を超えて社会に影響を与えられることを実感しています。だからこそ大切にしているのが**「実際に行動すること」**です。そして、この「行動」まで経験すると、生徒は自走し始めます。行動をすると、「一緒にやりたい」という仲間が増えることもあるかもしれません。また、その行動の結果をフィードバックとして社会からもらうこともできます。その結果、生徒の中には「新たな問い」が芽生えます。その問いは新しいプロジェクトのきっかけとなり、次の行動に繋がります。最初の行動がどんなに小さくても、そのサイクルが回り始めれば少しずつ行動の幅が広がり、思考が深まっていくのです。

このフェーズにおいても、前述した「自分の問いから始める」ことは重要です。「社会課題」をテーマにすると、現場までの物理的・精神的距離が遠くなりがちです。最初から「課題」として提示されているので、自分たちの知らない世界で起きていることも含まれており、距離が遠くなってしまうのは必然です。その結果、「この社会課題について考えた」という机上の空論や、「提案をしたけれど、実際に何かができるわけではないのでそこで終わり」という「ごっこ」で終わってしまいます。よく言われる言葉ですが、まさに〝Think Globally, Act Locally〟です。せっかくの探究の成果を社会に発信できるよう、ぜひまずは**「自分の好き」**から始めてみてください。

最後に、教員の持つマインドについて述べておきます。「行動」を目指すにあたって、教員が気を付けるべきことは何でしょうか。最も気を付けるべきことは、**「教員の探究活動」にならないようにする**ことです。生徒の問いやプロジェクトが良いものになればなるほど、私たちはそれをいい形で繋げていきたいと思うでしょう。しかし、その思いが強すぎると、時には強く後押ししてしまったり、先回りして行動してしまったりします。そうなると、その活動の主語は生徒ではなくなってしまいます。だからこそ、成果を気にしすぎず、無理に進めすぎない程度に伴走することが大切です。「途中で頓挫してしまってもよい」というマインドを持って、生徒の活動を応援できるとよいと思います。

（奥津　憲人）

ヒント
06

『あなたの一歩が、あなたを変える』

試行と失敗を歓迎する・当事者意識が全ての基盤

「ナイス！」の文化が生徒を後押しする

学校は生徒の失敗を許容できる場所であり続ける必要があります。失敗は成功の過程とも言えるからこそ、失敗を恐れずに挑戦を続けることが、生徒の成長につながることは誰しもが納得できるところだと思います。しかし、子どもたちはさまざまな場面で「ダメ」と言われる経験があり、挑戦を恐れてしまうことが多いようです。また、ヒント5の最後にも少しだけ記載しましたが、探究活動は必ずしも成果につながるとは限りません。そうなると、私たちは残念に思ってしまったり、強いエネルギーをかけて生徒を走らせてしまったりします。これでは生徒主語の探究とは言えません。

では、実際に失敗したり、なかなか動かなかったりしたときにはどうすれば良いのでしょうか。大切なことは**「承認」**と**「寛容」**そして**「自身もつながり続けること」**です。子どもたちの活動は、時によって幼く見えてしまったり、予想されている範疇だったりするかもしれません。それでも一人一人からみれば、全てが「挑戦」です。だからこそまずはチャレンジしたことを「承認」しましょう。新渡戸では、これを**「ナイス文化」**と呼んでいます。成功しても失敗しても、まずは挑戦したことを認める意味で「ナイス」という言葉を伝えるのです。そして、その結果に対しては常に「寛容」でいることも大切です。失敗は成功の過程でしかないという意味でも、失敗した時でも「ナイス失敗！」と伝えることが大切です。その包容力を感じた時、生徒には挑戦する気持ちが芽生えます。つまり、**生徒の心理的安全性を高めることで、挑戦へのハードルを下げる**ということです。

最後に加えたいのが、探究活動の連携先と教員自身がつながることです。うまくいかなかったとしても、連携先と体温を持って接することができれば、必ず次につながります。それは先方としても同じで、単発で関わるだけだとそもそも負荷が高く、エネルギーをかけてまで協力をするのは難しいでしょう。しかし、探究活動のための連携ではなく、良い未来を作るために同じビジョンを持ってつながっていれば、一つの活動が止まってしまってもまた別の機会は訪れます。だからこそ、子どもたちだけではなく先生自身も社会とつながり続けることが大切です。

当事者意識をもつための方法

ヒント5にも記載したように、「子ども自身から生まれた問い」はその後の行動にも活動を続けるモチベーションにもつながります。つまり、当事者意識がすべての基盤となっています。では、そのような当事者意識をもつためにはどのような支援をしたら良いのでしょうか。私たち教員ができることは、**「問い続ける」**ことと、**「整理する手伝いをすること」**です。答えは常に子どもたちの中にあります。だからこそ、私たちは適切な「問い」を重ね、子どもの考えを整理する手助けをしていきます。問いを重ねる際には、「あなたは」という点を常に意識します。「あなたはどう思う?」「あなたは何を伝えたいの?」「あなたは伝えた相手にどのような変容を求めているの?」「そのためにあなたはどんな助けが欲しい?」というように、常に子どもたち自身の想いや選択ができるように問いを重ねていきます。そうして出てきたものは、時としてなかなかまとまらなかったり、子ども自身が気づいていない視点があったりするかもしれません。それを手助けするために中高で使用しているツールが、「プロジェクトデザインマップ」です。この図はアメリカにある探究を重視する学校「ハイ・テック・ハイ」で用いられているものをアレンジしたものです。子どもたちと対話をしたり、プロジェクト活動について整理したりする際には、この図を用います。この図を用いることで、自身が目指すものに対して、自分が持っているリソースに気づいたり、自分が目指したいこととそれを表現する場所について考えたりしているのです。もちろん、最初から全てが埋まることはなく、何度も書き直したり追記したりしながら活動を続けます。それを教員が整理してあげるのではなく、子どもたち自身が書くことで、「自分のプロジェクト活動」として当事者意識も芽生えていきます。とはいえ、これも一つの手段ですので、子どもたちの状況や段階に合わせてツールや手法を選択してみてください。

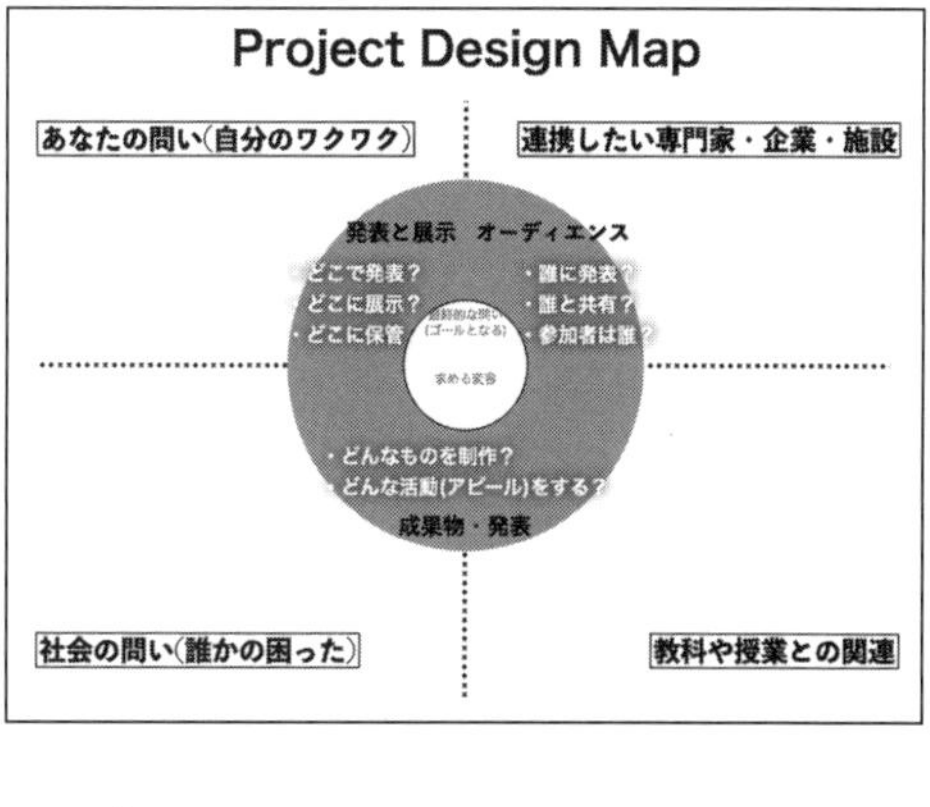

（奥津　憲人）

#『あなたの一歩が、あなたを変える』

「プロジェクト型の学び」で一歩踏み出す

小学校　授業デザイン

思わず「やってみたい」と思う授業

子どもたちが力強く、自分の力で学んでいくことができるようになるために、私たちはどんな授業を目指すべきなのか。同じことを一律でやらせ、同じ評価軸のみで断罪する学びからどうすれば脱却できるのか。これに対する一つの答えとして、私たちは授業で「プロジェクト型の学び」を目指しています。私たちの授業スタイルはPBL（Project-based Learning）という手法がベースとなっており、一言で言えば「様々な強みを持つ仲間と共に、本気でプロジェクトに向かいながら学ぶ」というものです。私たちのプロジェクト型の学びには、次のような特徴があります。

①魅力的で挑戦的なプロジェクトの**ゴール**が設定されている
②流れは教師がデザインするが、子どもたちが決める・迷う**余白**がある
③教師は時に一斉に教えるが、学びの**アドバイザー**としての役割を意識する
④プロジェクトを達成する中で必要な**知識や技能、表現力**などが身につく工夫がある
⑤**仲間**と共にプロジェクトに取り組む

①の特徴は私たちが最も重視しているものです。例えば小学校5年生の理科の授業に、種子の発芽と植物の成長を学ぶ単元がありますが、ここで本校のある教員はチームでプランツすごろくをつくりあげるというプロジェクトを実施しました。自身が選んだ植物についての知識がたっぷりと詰まったすごろくを完成させ、遊んでもらう。子どもたちの「やってみたい!」「調べたい!」という思いに火を付ける、プロジェクトの好例です。**「どうしたら子どもたちはこの内容を**（**教師が教え込まなくても**）**学びたいと思うだろうか」**という問いをもとに、様々なプロジェクトが日々生まれています。

②③の特徴は1章で述べた「自分で決める」という理念にも関わるかもしれません。学

びが子どもたち主導のプロジェクトに変わることで、子どもたちの授業に対する意識は一気に変わります。達成したい魅力的な目標があれば、多くの子が自発的に学びに踏み出せるはずです。

探究は0から子どもたちが始めるものであるように考えやすいですが、私たちはまず学びを「やってみたい」と思えるプロジェクトに変換することから始めています。

一緒のことをしなくても、ちゃんと学べる

このような学びに対して浮かんでくるのは「本当にそれで勉強できるの？」という疑問だと思います。教師主導で教えるべきことを整然と教え、テストでチェックした方が、この疑問に対する安心感はあるかもしれません。しかし私たちは、一見バラバラに学んでいるように見えるプロジェクト型の学びの方でも学びは十分深まり、むしろ常に一斉指導をしているよりも多くを学ぶことができると考えています。

理由の一つは、プロジェクトの中に学びを確実にするための様々な工夫を盛り込むこと

ができるということです（特徴④）。例えばプロジェクトのゴールには到達目標としてのルーブリックが設定されていますが、そこには単元の要素がしっかりと学べているかをチェックできる観点があります。子どもたちはプロジェクトを進行させながらこのルーブリックを見返し「ここが足りないかも」「ここ見落としてる！」というように単元的な学びを補完していきます。

ここでポイントとなるのは、子どもたちはこの行為を**「プロジェクトをより良く達成したい」という思いで行っている**ということです。もっとすごい作品をつくりたいという原動力と、こちらの学びの仕掛けがうまく組み合わされば、こちらが教えたいものよりも数倍深く子どもたちは学んでくれます。

仲間と本気で学べれば

一歩を踏み出すことを阻む理由には、自信の無さや、失敗を恐れる心があるかもしれません。私たちはこれらについても、プロジェクト型の学びは有効だと考えています。

新渡戸のプロジェクトでは、三人ほどのチームで取り組むことが多くあります。これにはチームで一つのプロジェクトに取り組む中で、**自分の力が求められ、同時に仲間の力を必要とする状況**を生み出すねらいがあります。プロジェクト型の学びでつくる作品や発表では、様々な力が必要になります。

（例）6年生・社会科　歴史巻物プロジェクト

・その時代の知識がある・絵が上手・毛筆が得意・ものづくりが得意

・面白くストーリーをつくれる・リーダーシップがある・チームを盛り上げられる

プロジェクトの中で様々な力が必要となる作業が同時並行で行われていれば、活躍できる場面が必ず生まれます。また、「自分が力を発揮できる強み」と「同じチームにいてほしい強み」を事前にアンケートで集約してから、それをパズルのように組み合わせてチームを結成すれば、自ずとお互いに活躍しあい、助け合う文化が生まれます。同じ作業を一斉に行い、同じ評価軸で判断されることがないので、子どもたちは実にいきいきとプロジエクトに挑戦することができるようになります。

また、仲間と共に学ぶことは、目標のために互いを本気で高め合う文化を生むことにもつながります。私たちはプロジェクトにおいて、**試作品に対してアドバイスをし合う作業**を積極的に取り入れます。何か作品をつくるとしても、一つしかつくらずに最後に評価される流れだと、どうしても失敗を恐れ、批評に対しても「今さら……」という気持ちが湧いてきます。あらかじめ、単元の途中で試作品を見せ合って互いにアドバイスをする機会を設けることで、軌道修正や前向きなやり直しが当たり前の文化をつくるのがねらいです。

互いにアドバイスをする際には、共通の基準（ルーブリックなど）をもとにして、客観的な指摘を目指します。また、言いたい放題な状況にならないようにグランドルールを設けることも重要で、ある教員は【やく助】という合言葉を設定しました。

や（やさしい言い方で）**く**（詳しく具体的に）**助**（助ける気持ちで）

プロジェクトは失敗という概念をなくし、自信をもって学ぶことにつながります。

（栢之間　倫太郎）

デザイン
05

『あなたの一歩が、あなたを変える』

「何のために」学ぶのか、社会や未来を考えるツールの活用

中学校　授業デザイン

学ぶ目的を合意し、アウトプットで達成度を測る

前章の通り、Cross Curriculum（教科横断学習）やChallenge Based Learning（リアルな社会が抱える課題の解決に向けて、外部連携して考え、行動していく学び）は、**Core Learning（全ての学びの根幹を築くための教科基礎学習）**なしでは、成り立ちません。土台となる基礎学力を様々な仕掛けや教員の工夫、ICT機器の活用を通し生徒の内にある「学びたい」や「知りたい」という気持ちに働きかけ、学習に取り組む意欲を育てます。

そのために新渡戸では、各学期は「エンゲージ週間」からスタートします。

まず、**「なぜ学ぶのか」を問い、学ぶ目的を明確にします**。次に、**教科の学びが社会や**

未来と、どのように関わるのかを知り、行動につなげます。これを、毎学期の始めに行います。

例えば、「国語」は、なぜ学ぶのでしょうか。入学したばかりの中学1年生に問うと、その回答の多くに「読解力」「語彙力」「漢字力」をつけたいと返ってきます。もちろん、どれも間違いではありません。しかし、AIの技術発達が目覚ましい現在、この三つはAIで補えてしまうことでしょう。その中で、少数派ですが「創造力」や「想像力」との回答も見られます。AIの力も借りつつ、人間として言葉がもつ面白さや、可能性を考えるのであれば、多くの教科書が示すように**「読む」「書く」「話す」「聞く」という四技能を大切にしています**。

生徒とも目的を共有し、アウトプットとして「1分間スピーチ」を行っています。本番までに原稿を「書き」、当日に「話す」だけではなく、発表を「聞き」、ICTのアンケート機能を活用し、ルーブリックにそってリアルタイムに相互評価（点数化・ポジティブフィードバック）をします。テーマは、学期毎に変わります。1学期は「自分の好きなこと」です。まずは、自分の中にある興

味・関心にベクトルを向け、それを言葉で他者に伝えるためには、どうすればよいか創意工夫します。2学期は、「新聞記事」です。社会に目を向け、解決すべき課題や問題を取り上げます。「選択理由」「内容」「自分の考え」「今後のアクション」「問い」を語ります。**客観的な事実把握に留まらず、主観的な考えやアクションまで想像し、観客へ問うことで他者を巻き込みます**。3学期は、「書籍」です。これまでに読んだことがある本は除外し、学校図書館にあるものに限定しています。新たな書籍に挑戦し、出会うことと、発表を聞いた生徒も、借りて読むことができることを意図しています。このように**毎学期、教科を学ぶ目的を合意し、学期末にアウトプットすることで、達成度を測ります**。

また、その他のアウトプットとして、次のような、「レポート」があります。

【題名】 レポートの内容を明確に表すもの　**【(1)課題】** きっかけや問題意識
【(2)仮説】 課題を調べるにあたり自分が立てた予想　**【(3)調査の方法】** どのように・何を
【(4)調査の結果】 調査からわかった事実をまとめる　**【(5)考察】** 分析や考え、今後の課題
【(6)参考文献】 正確に示す　＊「事実」と「考え」がわかるような文末表現にする

社会や未来に目を向ける素地をつくる

Core Learningでは、**教科としての内容だけではなく、社会や未来に目を向ける素地をつくることも大切**です。そのツールの一つに「新聞」が有効です。新渡戸は2021年から東京都NIE推進協議会より「NIE実践指定校」として認定され現在に至ります。NIEはNewspaper in Educationの略で、新聞を生きた教材として教育に活用することです。協会は、新聞が「言語活動の育成に役立つ」として、その効果に「①文章を読む、書く能力が付く」「②思考力、表現力が豊かになる」「③情報活用能力が向上する」「④社会への関心が深まり、公民としての資質・能力・技能が培われる」「⑤人間関係を豊かなものにする」の五つを挙げます。これに加え、特に、紙の新聞を活用することで社会や未来に目を向ける意識がつきます。それは「紙」がもつ「偶然の出会い」です。ネットニュースやSNSは、生徒の興味・関心について、深く知るツールとして優れています。それは入力された検索語や、アルゴリズムによって導かれた自分に関連する情報です。

一方で、紙の新聞は、自分との接点を持ちません。頁をめくるたびに生徒自身の興味・

関心の有無にかかわらず、各分野の最新の情報が得られます。「偶発性」により、これまで全く知らなかった社会や世界の事象に触れ、過去や現在、未来を考えるきっかけを与えてくれるのです。この理由で前項の「レポート」のテーマも新聞から探すことにしています。

新聞を活用したスピーチ発表やレポート作成が難しくても2コマできっかけはつくれます。

【1コマ目】生徒自身が新聞記事を選択し、多面的・多角的に見て、現象を捉え直す
【2コマ目】お互いの見方・考え方を共有し合い、違いを理解し、認め、価値観を広げる

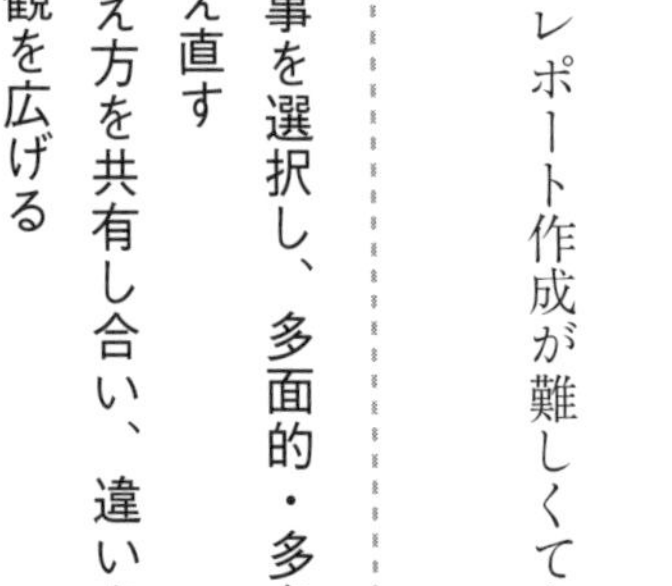

どちらのコマも通常授業の50分で実施できます。学校図書館と連携し、あらかじめ該当期間の新聞を用意しておくとスムーズです。東京では、主な新聞社でも6種類あります。50分×2コマと考えると、夏期や冬期などの長期休業期間での取り組みも可能です。

　1コマ目は新聞記事を選択することからはじめます。生徒の興味・関心から記事を選択してもよいのですが、「偶発性」の観点からするともったいないです。そこで活用したいのがSDGsの視点です。17あるゴールを窓にして社会や世界の現象を捉え直すことで新たな気づきや学びを得ることができます。**複数のゴールの視点で考えることで自然と多面的・多角的な視点で捉えようとする意識が働く**ようになります。

　2コマ目では、成果物の共有会をします。クラスメイトが選択した記事を自分も読み、付箋を通して思考を追跡することで、作者の見方や考え方を知ることができます。そこに、読者として、自分の考えを付箋に書き、貼ります。そうすることで、共有会の2人目以降は、「新聞記事」、「作者の考え」に加え、「読者の考え」も読み、考えの違いに触れ、価値観を広げるきっかけとなります。

　もちろん、紙の新聞を入り口として、社会や世界に興味を持ち、マスメディア、Webメディア、ソーシャルメディアなどあらゆるメディアを駆使し、より深く、広く、時には比較し、情報を活用しながら学びをすすめることで、未来への意識が生まれてきます。

（高橋　伸明）

デザイン 06

#『あなたの一歩が、あなたを変える』

できるの繰り返し／仲間と一緒ならできる

高等学校　授業デザイン

生徒の世界の数学

「数学を学ぶ」とは、生徒たちにとって一体どういうこととして捉えられているでしょうか。高校1年生の数学を担当し、四月の初めにアンケートで「数学について自由に意見を述べてください」という項目をつくると、生徒たちの回答は、「好き・嫌い」について、「分かる・分からない」について、「できる・できない」についての3点に、ほぼ回答が集約されます。「好き・嫌い」の理由についても、「好き」であれば「先生が分かりやすかった」「答えがはっきりしている」「計算が好き」などのような「できる」に近い理由が挙がり、「嫌い」であれば、「分からない」という理由がほとんどとなります。

これらのすべてから、教科書もしくはその単元のそれぞれの問題について**「分かる」ことや「できる」（正解する）ことこそ、生徒たちにとっての数学のすべて**であり、**教育や社会がそのように捉えるように構成されている**ことが分かってきます（ときに「何のためにある単元を学ぶのか」のような回答も見られるのはポジティブ）。

「分かる」や「できる」だけの学びは、生徒たちの生きる資質を見出し、生きる力を身につけていく数学になっているのかというと、（特定の生徒を除き）多くの生徒にとっては必ずしもそうなっていないように感じます。現状の多くは、テストや単位のような外的要因から知識・技能・思考・判断のような力を身につけさせる活動が多くなっています。

では、どのような活動によってならば、資質を見出せるのでしょうか、もしくは内発的な動機づけで力を身につけていけるのでしょうか。そのヒントとなるのは、それぞれ**生徒の反応や回答**です。

そもそも国が変われば教科書も変わり、それぞれの生まれも育ちも違うのであれば、生きるために必要な資質や能力も違います。数学を学ぶことは、**「各々が生きる世界の数学」が違う**ということから始まるのだと考えています（参考：森田真生著／脇阪克二イラスト『アリになった数学者』福音館書店、2018）。

創造的な活動

一方で、日本の教科書は体系的で段階的に分かりやすく、内容においてもよく検討されて高い質にできており、高い学力を育成できている要因となっています。また、特に近年は、よく社会と紐づけられた内容に変化してきているため、協働的な活動や個別最適な活動にも大いに役立っており、これを活かさない手はないと考えています。

しかし、せっかくの教科書も「分かる」と「できる」（正解する）だけにとどまってしまうと、生徒たちそれぞれの、生きるために必要な資質や能力が見えにくいことが多いと思います。そこで**「つくる」という創造的な活動が必要になる**と考えています。「つくる」活動は、生きるために必要な資質を見出し、能力を大きく前進させ、「数学を学ぶ」意義を大いに後押しし、探究的な活動にも接続して学びの目的へ極めて近づくことができる要因になると考えています。

例えば2024年の高校1年生の1学期のアウトプット型テストの課題では、黄金比と関わりがありそうな興味あるものについて、レポート形式でグループによる作成と発表を行ってもらいました。この課題の過程では、(1)黄金比や白銀比と思われるものを校内から発見し、写真や動画による簡単な考察を行う、(2)黄金長方形から計算によって黄金比の導出を行う、(3)黄金比を用いた図形やデザインを試してもらう、のような前段階のワークを行ってから、グループに分かれてレポートの話し合いを行っています。

レポートの構成は、テーマの理由・グループの問いと検証方法・調べたこと・実際に活用または観察したこと・グループの結論になっていますが、そこには式を入れたり、画像や図解化、全体のデザインなどが関わってきます。それぞれのグループでは問題に正解する方の数学の得手・不得手は関係なく、共通理解とメンバーの特徴を生かした役割分担を繰り返し、つくっていく様子が見られました。

黄金比 × スポーツ

A組 ○○○○・B組 ○○○○・○○○○・○○○○・C組 ○○○○

身近にある黄金比は何かと考えた結果、TV等で見たスポーツに黄金比があるのではないかと思ったからこのテーマしました。近年はWBC等のスポーツイベントで大きな功績を残し日本各地でスポーツブームが起きており、誰もが知っている話題だと思いました。

【問い】スポーツはほとんどの割合で黄金比が関わっているのではないか？
～あらゆるスポーツのフォームが黄金比なのでは？～

(1)どのように検証するか
スポーツ選手の画像の上に黄金比を当てはめて黄金比なのか検証する
(2)調べたこと（2次情報）
サッカーでボールを蹴る際に起こるサッカーでいうシュートだったりコーナーキックだったりと助走が大切なものは、黄金比が発見されます。
そこで大事になってくるのが、4つの基本動作です。それが、バックスイング・軸足の位置・足首の固定・身体の回転です。特に、黄金比が生まれやすいのは、身体の回転だと考えます。

※数式　画像1
横幅(膝の先端から腰):5.23cm 縦の長さ(膝の先端から足元):8.75
5.23：8.75
=8.75÷5.23
=1.673
=1：1.673→黄金比の1：1.618に非常に近い数値が出た

サッカーのキックフォーム

生徒たちが作成したレポートの例

●レポート課題の結論の抜粋より

・「校章は黄金比ではなかったが、黄金比のようなバランスの良い形に見えた。なぜ黄金比に見えたのか、どこか対象な部分があるのかなどを調べたいと思いました」

・「黄金比はただ美しいだけでなく、自然界で種を繁栄させる上で最も効率的なので植物には黄金比が使われているのではないかと考えました」

・「合理的な動き、エネルギー効率の極限化に黄金比が関係あると考える研究者も少なくなく、このような捉え方が重要だということが、今回の研究を通じて理解できました」

●発表までを終えた生徒たちの振り返りより

・「計算を行う文章問題とは違い、レポートなどで深く学習することを今回実際にやってみて意外に楽しくて、数学に基づいて考える力が着いたと実感しました」

・「グループの人と協力したレポート作成では、文をつくるのが得意な人、論文を読み込みまとめる人などで分担して取り組めたので、一人ではどうすれば良いかわからなかったことも相談しながら取り組め良い作品を作ることができました」

・「1学期を終え、数学するというのは座ってずっと勉強するだけでなく、今まで習ってきたことをフル活用して日常につなげ、自分なりに表現することなのではないのかと思いました」

「つくる」活動は、プレゼンテーション、動画、スケッチやデザイン、音楽、AR、プログラミングのように、テクノロジーを使うことで可能性が広がりました。また、折り紙や工作、演劇のように、実際に手を触れたり動いたりするのもとても良いと思います。先に述べたようなテストのための学習ではなく、学びに主体的となる可能性を生んで、当事者性を育む活動があることが、生き方・あり方を問う探究に生きてきます。教科の学習が、卒業後への生きる力につながるような活動となることが大事だと考えています（下図は独自作成）。

（芥　隆司）

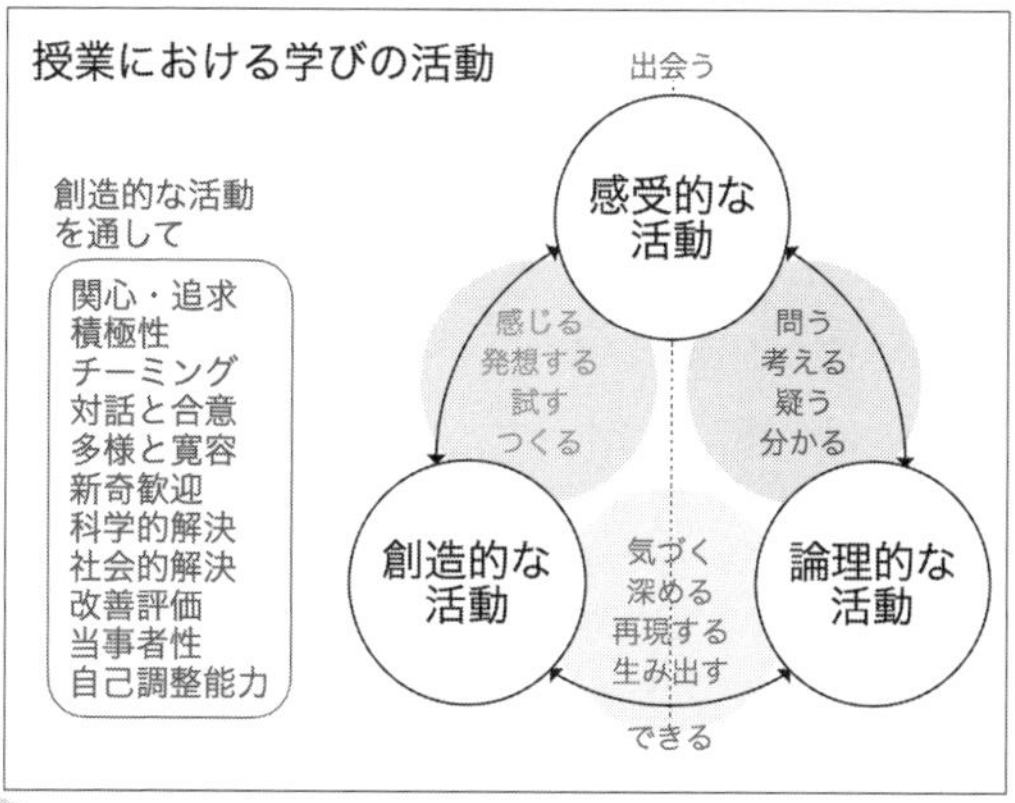

新聞を活用したチーム探究によって成長した子どもの声

高校でも教科の中で、新聞を活用しています。国語の選択授業では、10のテーマについて生徒が新聞記事を選び、「事実」「考え」「問い」「考察」を発表します。「経済」のテーマなら、「男女間賃金格差」などを報じた記事を選択して紹介するといった形です。生徒の希望で、複数の授業を公開しました。記事内容について生徒と参観に来た教員や新聞記者と対話を重ねていきました。こうした取り組みの中から、学校という枠を飛び越え、様々な人たちを巻き込む、「プロジェクト」に発展したグループがあります。問題意識を高めた4人組は新聞やニュースを分析し、当事者を救う解決策を、新聞記者や支援団体への訪問取材、啓発イベントの参加から探りました。研究成果は審査を通過し、日本NIE学会主催の研究発表会で「優秀研究賞」を受賞しました。現在も、探究活動は継続中です。

チームメンバーの4人に話を聞くと、プロジェクトの活動を通して、情報との向き合い方が変わったと言います。「新聞は過去の出来事に対して、世の中がどのようなイメージを持っているか、現状把握に役立つ」、「〝ニュースで見た〟というだけで物事を判断せず、必ず自分の目で現場を見るようになった」、「自分の意見を持てるようになり、積極的に、活動したいという自身の内発的動機にもつながった」と、成長や変容を語ってくれました。

（高橋　伸明）

第3章

#『あなたの学びで、だれかとつながる』

Your learning connects you to others.

ヒント
07

#『あなたの学びで、だれかとつながる』

学びを〝内〟（自分／学校）に閉じ込めない

手段は目的からデザインする

どんな授業実践であっても、それらはすべて「手段」です。**大切なことは、「なぜその手段を取るのか」という目的の部分です。**これまでの章にもあるように、私たち新渡戸は「Happiness Creator」を最上位目標にして教育活動を行っています。その目的に向かうための方法が、生徒を主語にすることや、「自律型学習者」を目指すということになります。すなわち、「手段は目的からデザインする」ということです。その観点で見たとき、新渡戸で大切にしているもう一つの手段が「社会と接続する」というものです。小学校における「12の学習者像」や中・高における「６つの自律型コンピテンシーと４つのハピネスマインド」を目指すにあたっては、「他者との関わり」「社会に接続すること」が重要です。生徒が新しい価値観を得るためにも、自身の位置をメタ認知するためにも、個を広げて他者につなげることが必要です。また、学校としてもそれは同様であると考えています。学校内だけでは、社会の実情とはかけ離れ、井の中の蛙となってしまいます。加えて、さまざまな学びの成果も、その発信の場が学校だけにとどまれば、実態の伴わない「ごっこ」になってしまいます。実際に生徒の取り組みが社会につながると、私たちが想像もしないような結果につながることもあります。つまり、児童・生徒も一人の人間として社会に影響を与えられると考え、「学校内の活動」だけで完結させない意識を大人側が持つことが重要です。子どもたちは、未来の社会の担い手です。そんな子どもたちが小・中・高の時代から社会へと関わることは、結果的にはその子自身の成長にも、社会の発展にもつながると考えています。

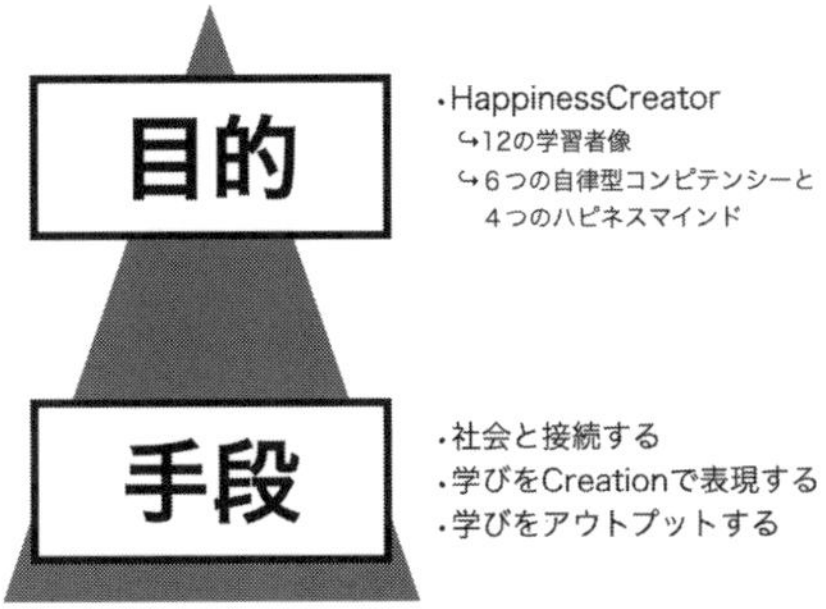

目的
・HappinessCreator
↪12の学習者像
↪6つの自律型コンピテンシーと4つのハピネスマインド
手段
・社会と接続する
・学びをCreationで表現する
・学びをアウトプットする

教科を貫く「問」の共有

では、そのような目的をどのように共有し、授業に繋げれば良いのでしょうか。中学校、高等学校では最上位目標を紐解いた、**「教科を貫く本質的な問い」**を教員間で共有していています。私が担当する理科では、「理科の学びを持続可能な社会に活用することができるか？」という問いを理科の担当全員で共有しています。その問いを上位に掲げているからこそ、授業でどのように社会と接続するかを考えるのです。理科は、日常の「なぜ？」から生まれた学問です。そのため、どんな単元でも日常や社会との関わりを見出すことができます。この問いを教員間で共有し、その意識を持って授業をデザインすれば、自ずと話題の設定や授業のスタイルなどにも「社会」という要素が加わっていきます。

年間の授業設計をする段階でも、社会との接続を意識できる仕掛けがあります。多くの学校では「年間指導計画」「進度予定表」「シラバス」などを作成するかと思います。本校では、この作成の段階で**手段が偏らないように意識するツールとして、「学びの羅針盤」と呼ばれるものを共有**しています。この図は、株式会社首都圏模試センターが中心に作った「思考コード」を参考に、授業における手段の階層を明示化したものです。私たちは、年間の授業を設計する段階でこの表を参考にして、自身の教科ではどのような手段が取れるかを考えています。もちろん、一つの授業で全てを網羅する必要はありません。**この視点を学校全体で共有することで、さまざまな教科でさまざまな階層の実践が行われた結果、目指すコンピテンシーなどを身につけられる**ように設計しているのです。

　このように、問いの共有と手段の分析をすることで、社会と接続する授業を全教員が意識できるようになります。ただし、気をつけたいのは、**社会と接続することを目的にしない**、ということです。冒頭にも説明したように、社会と接続することは授業手法の一つであり、手段でしかありません。「授業で何を目指すのか」を常に念頭におき、手段の目的化が起きないように気をつけましょう。

（奥津　憲人）

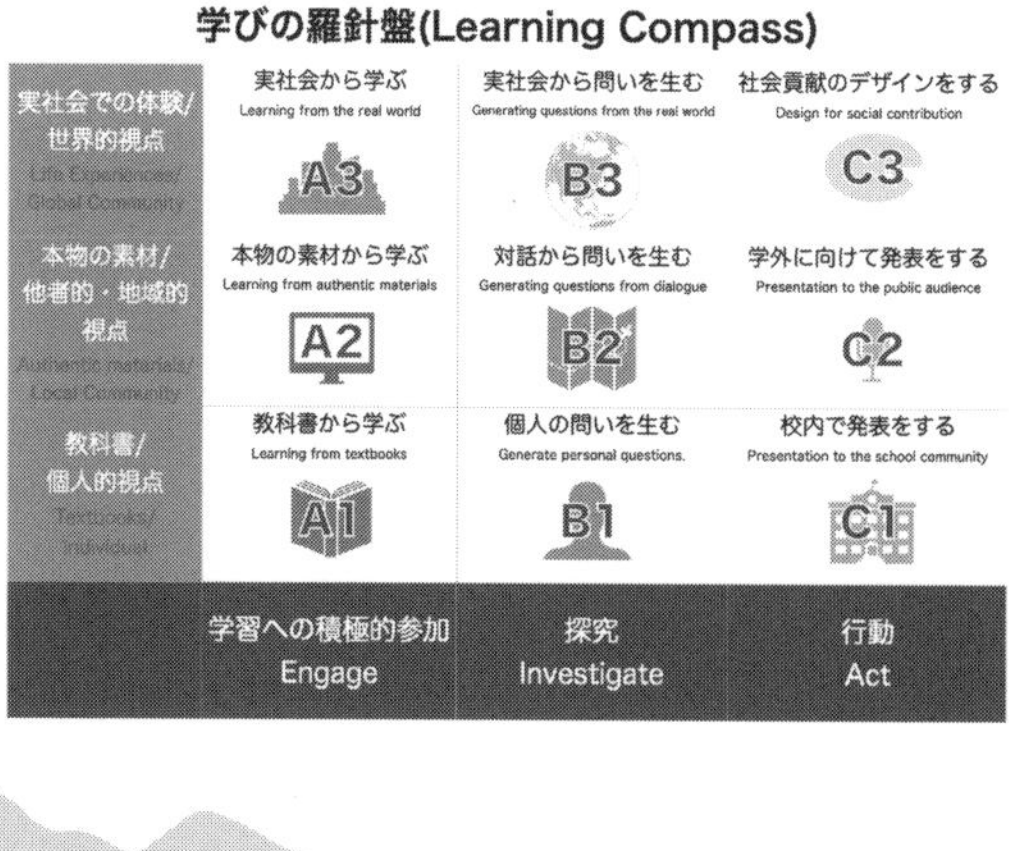

＃『あなたの学びで、だれかとつながる』

ヒント
08

#『あなたの学びで、だれかとつながる』

つくることで学ぶ・行動することで学ぶ

クリエーション課題が生徒の可能性を広げる

本校では、通常授業の中でも探究的に学ぶことを重視しています。探究的に学ぶための一つの手段として、授業における課題の工夫があります。授業の課題というと、「ドリル」や「レポート」といったものを思い浮かべる方が多いと思います。しかし本校では、授業における課題を創造的かつ探究的にしていくため、「クリエーション課題」を多く出しています。クリエーション課題とは、「ポスター」「動画」「音楽」「イラスト」というような創造的な課題のことです。これらの課題には正解がないからこそ自由な発想ができ、生徒の創造性を育てるとともに、深い学びへと導くきっかけになります。

以下は、実際に本校で行われているクリエーション課題の例です。

- **数学**：校内で撮影した写真から考えつく、数学用語を用いた「川柳」を作成し、紹介するスライドを1枚作成する。
- **国語**：キャッチコピーやポスターにおける文字の効果を学習した成果を活用し、体育祭のポスターをチームごとに作成する。
- **理科**：花の構造とつくりを学習したあと、分解した花の構造を用いて絵を描く。

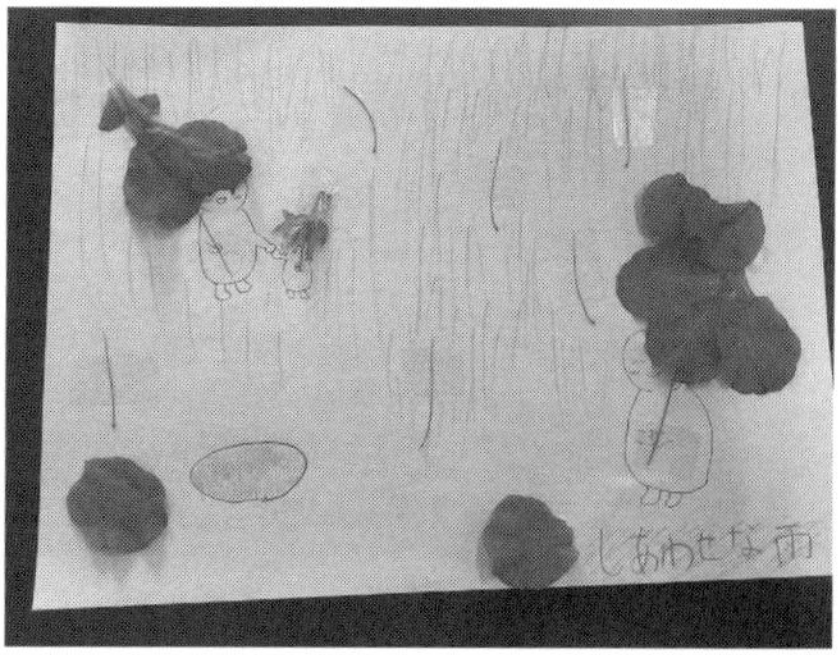

このようにクリエーション課題は、教科の学びを「成果物」につなげることで、日常や社会と接続させるものになります。課題自体は教科の範疇を超えるものもあり、教科横断的な学びにもつながります。ただし、クリエーション課題を出す時には「ワクワクする課題である」ことが大切です。クリエーション課題は、明確な正解や高得点というものはあ

りません。そのため、「成績のための課題」というものは通用しなくなります。だからこそ、「生徒がワクワクして取り組めるもの」である必要があり、その点こそこの課題における一番の工夫と言っていいでしょう。

クリエーション課題は、さまざまな力をもった子どもたちの力を測る意味でも重要です。日本においては認知的なテストで取れる学力を重視しがちですが、私たちは人間にはさまざまな力が備わっていると考え、多重知能理論（Multiple Intelligence：ＭＩ理論）を重視しています。この図からも分かるように、人間が持っている力は本来多様で、測れるものではありません。その考えに基づくと、授業における課題もこのようなさまざまな力を伸ばしたり、測ったりする取り組みが必要です。実際に、このような課題があるからこそその教科に対してのハードルが下がった、というような生徒の声も聞いています。ぜひさまざまな生徒が前向きに学び続けられるという視点においても、クリエーション課題のようなさまざまな手法を用いてみてください。

行動することで学ぶ

探究的に学ぶことを目指したとき、クリエーション課題だけでは「授業」の域は出ません。しかし、ヒント7でも紹介したように、本質的に学びの目的を目指すと、次の段階として「行動する」ことが必要です。では、「行動する」ことはどう学びに繋がるのでしょうか。

この「行動する」における重要なポイントは、これまでにも出ている通り「主語を生徒にする」ということです。ただし、やること自体の主語だけでなく、「やりたい」という部分の主語を生徒にすることが重要です。そうなったとき、「実施するために必要な知識やスキル」に対して、主体的に獲得しようとします。例えばイベントを企画しようとしたら社会的背景や歴史、実施にあたってのスポンサー集めや会計処理など、通常の授業では扱わなかったり、扱ってもなかなか実態が伴わなかったりするものを自ら学ぶようになります。これは、41頁で紹介したロジャー・ハートの「参画のはしご」からも同じことが言えます。具体的な行動による学びについては、この後の頁でも紹介します。

（奥津　憲人）

社会とつながる・社会に届ける

#『あなたの学びで、だれかとつながる』

社会に届ける～社会の声を聞く～

これまで、教科書の枠を超えて社会と接続することの価値をお伝えしてきました。子どもたちが社会に接続すると、「学び」としての効果と同時に社会に対しても良い影響がもたらされます。しかし、ここで気をつけたいのは**「子どもたちのためにつなげる」という意識を持ちすぎてはいけない**ということです。社会は必ずしも子どもたちとの接続を求めていません。そのため、接続のためにさまざまなサービスや特別な措置をとってしまうことがあります。そうなってしまうと、それは**「社会との接続ごっこ」**になってしまいます。その形は持続可能とも言えず、結果的に目指しているものと相違してしまうことになります。そこで意識すべきことは、**「届ける」という視点**です。届けるためには「誰に」「何を」という条件が必要です。その条件をクリアするためには、必然的に社会の声を聞く姿勢が芽生えます。この「社会の声を聞く」ことこそが、子どもにとっても、社会にとってもプラスになる、本質的な「社会との接続」になります。つまり、そもそも社会が何を求めているのかを把握した上で、「自分の想い」と「社会のニーズ」を重ねるということです。もちろん、そのニーズが授業の範囲等と一致するとは限りません。しかし、ヒント8でも触れたように、「やりたい」がベースになると、子どもたちは教科書を超えて学び始めます。そして、子どもならではの視点は、社会にとっても貴重なものになります。だからこそ、授業においても「社会に接続」した上で、「届ける」ことが大切です。

そして、届けた後の社会からのフィードバックも重要です。社会に出て仕事をしていれば当たり前の感覚ですが、「作ればよい、届ければよい」ということはありません。届けた結果、どのような影響があったか、影響があまりなかったのかを**シビアにフィードバックすることで、生徒自身のPDCAサイクルを回す**ことにもつながり、学びや成果物のクオリティ向上にもつながります。もちろんそのフィードバックにおいては、子どもの段階に応じて適切なスモールステップになるよう、教師の支援が必要なので注意してください。

教師が天井にならないように

社会とつながり、届けるために大切な教師のマインドは「教師が天井にならないようにする」ことです。私たち教師は、得てして「導く」や「持ち上げる」ことを意識しがちです。しかし、それでは私たちの知っている範疇から出ることはなく、子どもの成長や活躍に対して私たちがボトルネックになってしまうことがあります。だからこそ、自分が天井にならないようにすることが大切です。私たちの存在が、生徒の成長や行動を妨げることがないように、以下の点に気をつけるとよいでしょう。

一つは、第1章のヒントでも出てきた「余白」をつくるということです。社会につながる取り組みをしつつ、教科書にあるコンテンツ、あるいは入試で出題されるコンテンツを全て丁寧に扱い、全員を同じレベルで理解・記憶させようと思うと、もちろん授業の時間は足りません。そのため、意識したいことは、**まずは教師が「全てのコンテンツを扱わなければならない」というマインドから脱却**し、生徒ごとに広げられる余白をデザインする必要があります。社会との接続を意識することは、教科の学びをそれぞれの未来とつなげる意識を持つということです。つまり、必然的に個別最適な学びにつながるのです。そのため、丁寧に全てを扱わなくても生徒たちの学びは十分広く、深くなっていきます。ぜひ私たち教師が天井にならず、社会とシームレスな授業が広がることを期待しています。

二つ目は、社会との接続においては、社会との接続を続けるためにも、**教師自身も社会に出続ける**ということです。社会との接続においては、生徒自身がそのステークホルダーになる対象を見つけてくることがあります。しかし、必ずしもそうではないため、教師のもつつながりの中から接続をすることがあります。また、**実際に社会に出ると、「学校のルール」は通用しません**。学校は、安心して生徒が失敗できる場でもありますが、社会は必ずしもそうなりません。教師がその感覚を持ちつつ、生徒との間に入って適切なフィードバックをするためにも、教師自身が社会に出ていることは大切です。本校では、これを「2枚目の名刺を持つ」と表現しています。自分自身が社会に接続すると、生徒との活動も楽しく、ワクワクして取り組むこともできます。ぜひ学校内にとどまらず、先生自身もさまざまな社会に飛び出してみていただければと思います。

（奥津　憲人）

#『あなたの学びで、だれかとつながる』

「学ぶってすごい!」を演出する

小学校　授業デザイン

何のために学ぶのか

中学受験の加熱は止まりません。ニュースやテレビの対談番組などでもよく取り沙汰されていますが、ここでその是非を問うつもりはありません。しかし、私たち小学校の教師は、学びの目的を矮小化させず、より学びの可能性と力を子どもたちが感じられるような授業をデザインする必要があることは間違いないと思います。

私たちの学校目標は「しあわせをつくる人になろう」ですが、私たちは学びの目的自体もここに帰結すると考えています。**自分を幸せに、他者を幸せに、そして社会を幸せにできるようになるために学ぶ**。これが私たちの現段階での学びの目的への答えです。それを実現するために、私たちは前述のプロジェクト型の学びをベースに授業デザインを行っています。ここでは特に各教科でどのようにプロジェクトのアウトプットを設定し、それによって子どもたちが「学ぶってすごい！」と感じられるようにしているかを説明します。

ムーンショットなアウトプット

プロジェクトは子どもたちにとってワクワクするものであることが必須です。そのためのキーワードとして私たちは【ムーンショット】という言葉を共有しています。非常に難しいが、達成できれば大きな価値がある挑戦という意味です。**子どもたちにとって決して簡単ではないが、聞いた瞬間に「これはできたらすごいことだぞ……！」と感じてしまうようなアウトプット**。それを私たちは考え続けています。

例えば月と星の動きを学んでほしい理科の単元で、実際にプラネタリウムをつくってみる。戦国武将の全国統一への工夫を学んでほしい社会の単元で、本人になりきったアカウントで歴史インスタをつくってみる。資料を分析して議論する国語の単元で、対談番組をプロデュースして収録してみる。子どもたちにとって難しいけれどワクワクするプロジェクトを考えれば、様々な可能性が見えてきます。

　また、このようなプロジェクトを考えると、いくつかの教科でコラボレーションすることが有効だと気づき始めます。例えば対称な図形を学ぶ算数の単元で、オリジナルの国旗をデザインするプロジェクトを思いついたとします。ここに家庭科の裁縫の単元を組み合わせて、実際に国旗をつくれないだろうか？　図工を組み合わせて、様々な画法で国旗を描くのもいいかもしれない。その国の想像上の文化を英語で考えてみるのはどうだろう？　このように、子どもたちの**難しいけれどワクワク**という状態を考えると、きっと教師側も難しいけれどワクワクする単元をデザインしたくなってきます。

　このような授業を考える際のポイントは、一人で考えないことです。私たちも学年の先生や色々な教科の先生と共に考える時間を設け、時には教科や単元にとらわれずにとにかく面白そうなアイディアをたくさん出しあったりして、可能性を広げています。教師にとっても、教科書で淡々と教えるよりも時間と手間のかかる授

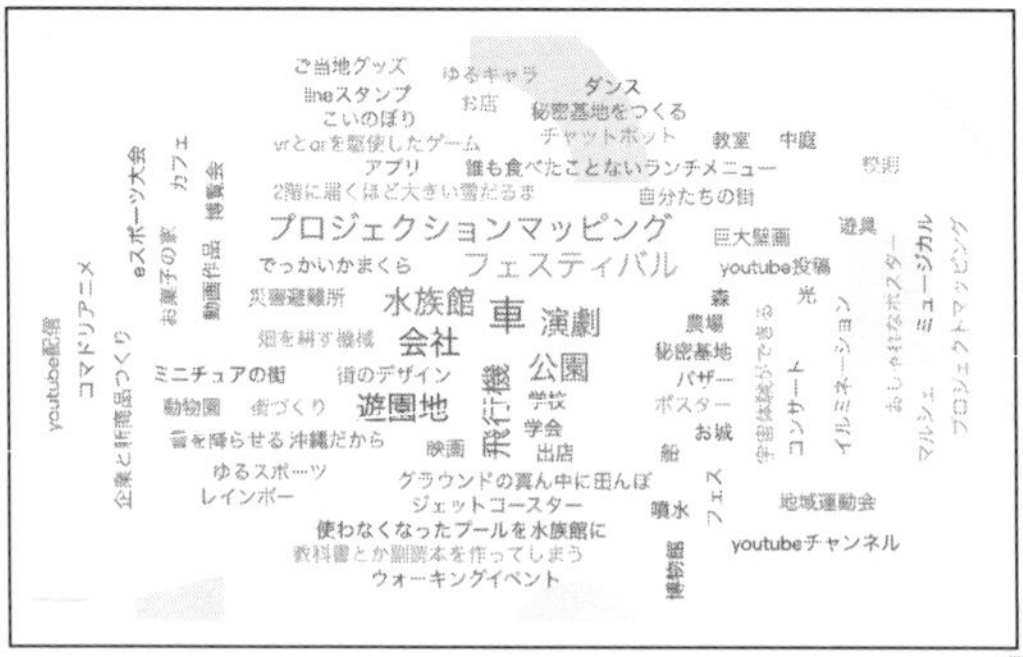

業になりますが、子どもたちが熱中する姿を見れば、その苦労は吹き飛びます。

誰に？　誰のために？

学びの可能性を広げるもう一つのポイントは、学びの対象を意識することです。

例えば3年生の社会科で地域を探究するプロジェクトを行うとします。様々な方法で地域を学び、最後に学びを模造紙にまとめて学校の廊下に張り出す。これでも子どもたちはワクワクするかもしれません。しかしここに「その学びを誰に届ける？」という視点が最初から子どもたちに共有されていれば、その学びは何倍も盛り上がると私たちは考えています。例えば次のような対象を設定するとどうなるでしょうか。

案　まだ地域のことをよく知らない1年生に伝えてみよう
保護者の方々に「私たちにしか見えていない」地域の魅力を伝えてみよう
この地に住んでいる地域の方に集まってもらって、感謝と共に伝えてみよう
役所の人たちに向けて、地域の魅力とそれをどう発信できるかを提案しよう

Hierarchy of Audience
（EL EDUCATIONのWebサイト）

海外とテレビ電話をつないで、地域のことを英語で伝えてみよう

目的意識が生まれることで、さらに子どもたちのワクワク感と、学びの意義が強調されると思います。このような思考は特段新しいものではなく、元々私たち日本の教師たちの中に受け継がれているものだと思います。今一度、改めてそれを強く意識してみるのはどうでしょうか。

誰に届けるかと同様に、もしくはそれ以上に大切になるのが「誰のために」という視点です。学びが他者や社会の幸せにもつながるという重要な意識につながります。

ＥＬ ＥＤＵＣＡＴＩＯＮというアメリカの教育ＮＰＯが提唱するHierarchy of Audienceという考え方では、どのような学びの対象が設定される場合に子どもたちのモチベーションが向上するかが指摘されています。この図では、子どもたちのモチベーションが

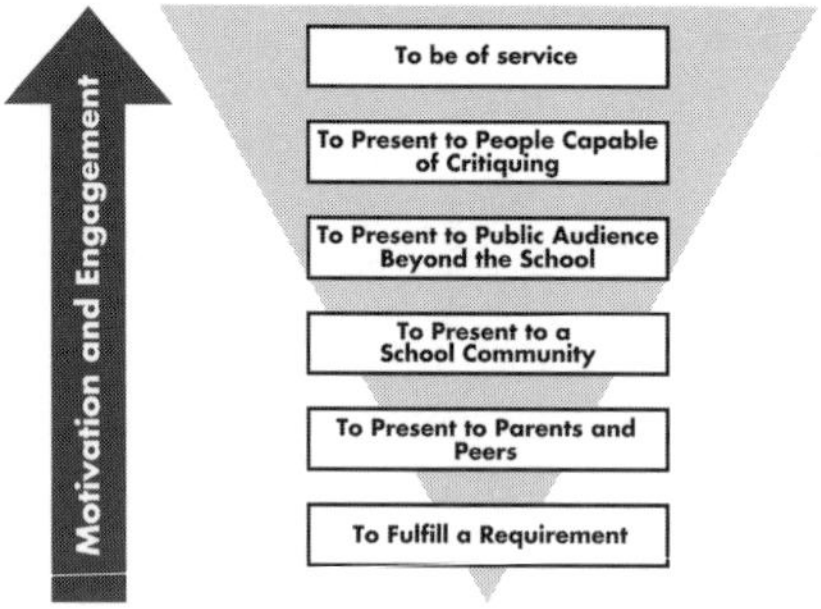

Hierarchy of Audience（EL EDUCATIONのWebサイトの図より再作成）

「課題を終わらせる」という段階から「保護者や仲間に発表する」「学校コミュニティに発表する」と変わることで向上していくことが説明されています。そして最もモチベーションが高まるのは「誰かや社会の役に立つ」というデザインになっています。私たちはこの理論に強く賛同しています。

誰かの役に立つという学びのデザインは、子どもたちのモチベーションと責任感を強く掻き立てます。全ての教科・単元でこのような流れを生み出すことは難しいですが、「誰かのために」という学びのデザインを考え続けることは重要だと考えています。

例えば前述の3年生の社会科の事例で、役所の方々向けに地域の魅力を伝えるアウトプット案をあげました。これもデザインとして「よりこの町の魅力を効果的に伝え、関係人口を増やして町を盛り上げる役に立とう」という流れを強調すれば、きっと学びがおままごとではなくなるはずです。子どもたちが本気になれば、国語の単元で効果的な文章の書き方を学んだり、算数の単元でグラフの書き方を学んで提案資料に盛り込んだりというコラボレーションにも必要感が生まれます。

学びを誰に向けて発信するのか、誰のために学ぶのかを意識させてあげることが、学びで誰かとつながり、学びを本格化するヒントかもしれません。

(栢之間　倫太郎)

『あなたの学びで、だれかとつながる』

『あなたの学びで、だれかとつながる』

未来を見据えたバックキャスト

中学校　授業デザイン

将来の予測が困難な時代の「羅針盤」

「Volatility：変動性」、「Uncertainty：不確実性」、「Complexity：複雑性」、「Ambiguity：曖昧性」の四つの単語の頭文字から成るVUCAに表されるように、将来の予測が困難な時代と言われています。そんな中、政府は、教育に関する総合計画である「教育振興基本計画」を令和5年6月に閣議決定しました。2040年以降の社会を展望した時に、教育こそが社会を牽引する中核であるとする、まさに将来の予測が困難な時代において、進むべき方向を指し示す教育の羅針盤となるものです。これには**「持続可能な社会の創り手の育成」**と、**「日本社会に根差したウェルビーイングの向上」**という、二つのコンセプトがあります。持続可能な社会の創り手は、**「主体性、リーダーシップ、創造力、課題設定・解決能力、論理的思考力、表現力、チームワークなどを備えた人材」**です。

また、ウェルビーイングとは、**「身体的・精神的・社会的に良い状態にあることをいい、短期的な幸福のみならず、生きがいや人生の意義などの将来にわたる持続的な幸福を含む概念」**です。このような社会の要請の中、どのような教育が求められているのでしょうか。

社会から学び、社会に発信する「ラボ活動」

本学園の初代校長である新渡戸稲造博士は「教育とは新しい知識を教えることではなく新しい知識を得たいという気持ちを起こさせること」や、「『学俗接近』学問と実社会を結びつける教育』を目指したい」という言葉を残しました。現在のCross Curriculum（教科横断学習）は、複数教科の教員により同時展開され、「総合」を含む教科横断授業です。その中でも特徴的なのは**「ラボ活動」**です。生徒10～20数名に対して教員がつく、大学のゼミや研究室に似た活動形態で、1年間で前期と後期の二つのラボに所属します。

前期（4月～9月）は、生徒たち自身の興味・関心を究める**「好きなこと探究」**です。

文化祭では、自分の「好き」で来場者を楽しませる視点で、半年間の成果を共有します。後期（10～3月）は、社会に目を向け、自分の好きを大切にしながらも、「誰かの困った」や、モヤモヤを解決して、みんなが幸せな社会を目指した**「チャレンジ探究」**です。「好き」に加えて探究に「社会貢献」の視点が入ります。自分の好きを原動力に、社会から学び、社会に発信するという経験をスパイラル状に積み重ねていきます。ラボの中には、教科の要素も含まれます。例えば、「歴史&文化ラボ」は世界の料理を作りました。世界の文化について、料理を通して学んでいったのです。

さらに、そこで使われるスパイスを歴史として学びました。何気なく食している料理にも、世界の文化や歴史が詰まっていることを学び、普段の社会や英語の授業に対する意欲が高まった生徒も少なくありませんでした。それだけではなく、生態調査をし、ドキュメンタリーを制作する「生物ラボ」や、学んだ知識と自由な発想を活かして大学と共同研究し、

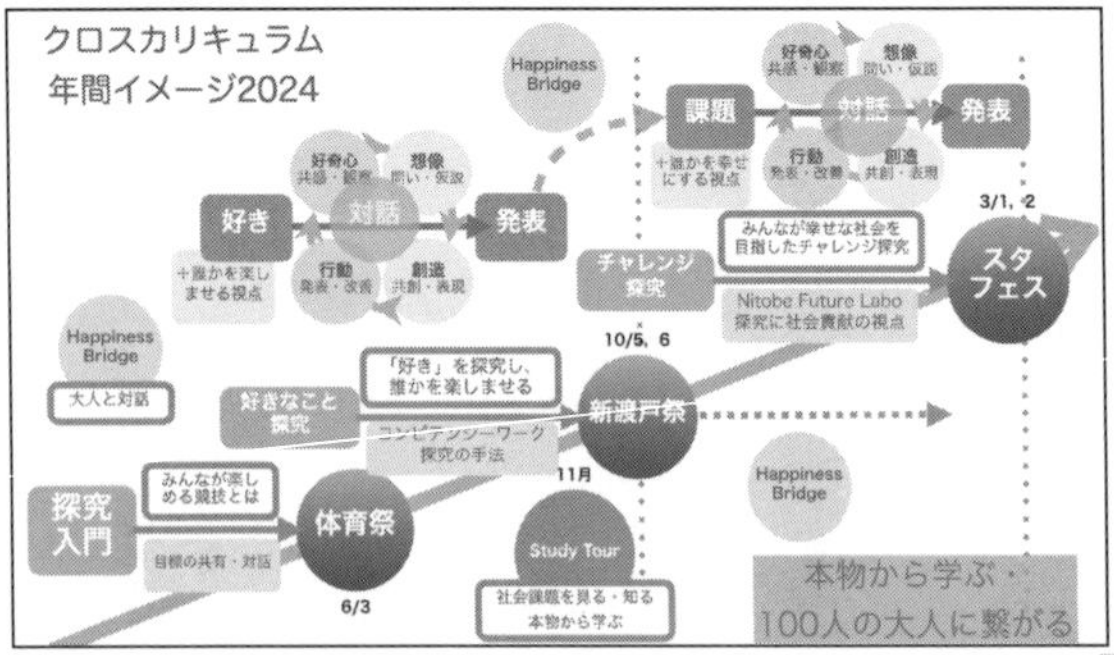

実験教室やワークショップをしながら提案をする「テク・ラボ」など、**生徒の「好き」と、教員の「強み」とが掛け合わされた、**魅力的なラボが多数あります。その一部を紹介します。

【演劇ラボ】（#ダンス、歌、脚本、美術、役者、演出）
メンバーそれぞれの得意を掛け合わせて、文化祭で、1つのステージをつくり、上演します。

【哲学ラボ】（#問い、対話、歴史、感情、心理、人生）
さまざまな問いを見つけて、チームで対話を行い、自分たちの思考を形にして発表します。

【スタイルラボ】（#デザイン、アート、表現、映像等）
「コンセプト」を決めて「ブランド」をつくります。一つのスタイルに自分の「好き」、「表現したい思い」を込めます。デザインワークやコンセプトスケッチ、ブランド制作や模型制作などを行います。

未来志向で考え、今できる一歩を踏み出す

ラボ活動の一つ、「ＡＦＦ（Action for Future）ラボ」は、「未来の為に今できる一歩を踏み出そう」を合言葉に活動するチームです。ＳＤＧｓの達成が目指される２０３０年は、現在の中学生が成人となり、社会や世界で活躍されることが期待されます。「社会課題」というと、大きく遠い存在のように思えてしまう問題でも「自分が将来生きる未来に残したくないもの」と捉え直すことで意識が変わります。**叶えたい未来のため、興味・関心や問題意識を出発点に、「私たちにできることは何か」を考え、実行していきます**。

一方で、生徒のみで活動していくと限界も感じてきます。そこで大切にしたいのは、ＳＤＧ17「パートナーシップ」の考え方です。**学校だけではなく企業や行政とも協働する産官学連携**に加え、**ＮＰＯや大学とも共創**していきます。

ある生徒は、「ジェンダーにとらわれず自己表現できる未来にしたい」と考えました。しかし現在、ジェンダーによってファッションやメイク、施設の利用が限定されることに違和感を持っていました。調べる中で、ジェンダーレスコスメの存在を知りました。しかも原料は海藻を利用し、環境にも配慮されていることがわかりました。早速メンバーに共有し、目的を合意した上でチームで協力しながら企業にアポイントメントをとり、全員で訪問取材しました。取材内容をヒントにしながら、自分達にできるアクションを協力して考えました。アイデアは、廃棄されてしまう規格外の果実を活用したジェンダーレスコスメでした。地球にも人にも優しい製品を開発しようというチャレンジです。文化祭では、ジェンダーや環境について発表した後、コスメのテスターを多くの人に使用してもらい、考え、行動するきっかけをつくりました。このように、**自ら問いを立て、教室を飛び出して学び、協力を得ながら創造表現することで、現在の社会が少しずつ変わり、延いては未来の世界への変化へとつながっていきます**。

（高橋　伸明）

＃『あなたの学びで、だれかとつながる』

＃『あなたの学びで、だれかとつながる』

社会と接続する授業

高等学校　授業デザイン

教科書でつながる

　ここでは、中学・及び高校の授業において社会と連携した事例を紹介します。第2章でも紹介した**「エンゲージ週間」**は、まさに社会とつながる第一歩になります。具体的には、以下のような内容を実施しました。

- 中学理科におけるエンゲージとして、近所の公園に行って「公園にある〝なぜ〟と思った写真」を撮影する。
- 中学理科におけるエンゲージとして、教科書を読んで「自分の人生に関わりそうなもの」や、なんとなく印象に残った単語について調べてみる。
・高校生物基礎におけるエンゲージとして、国立科学博物館に行って「展示のうち教科書と関連するものの写真」を撮影する。

エンゲージ週間の目的は「なぜ学ぶのか」を明確にするため、自分の日々の生活や未来と教科とのつながりを考えるということです。その際に机上にある教科書だけで済ませるのではなく、**本物に触れたり、実際に現場に行ったりすることで、生徒はより社会との接続を意識できる**ようになります。

エンゲージに対応して社会と接続させる仕掛けが**アウトプット型テスト**です。ここでの問いやクリエーション課題を工夫することで、生徒が社会との接続を意識するようにできます。以下は、筆者が授業で実際に行った内容です。

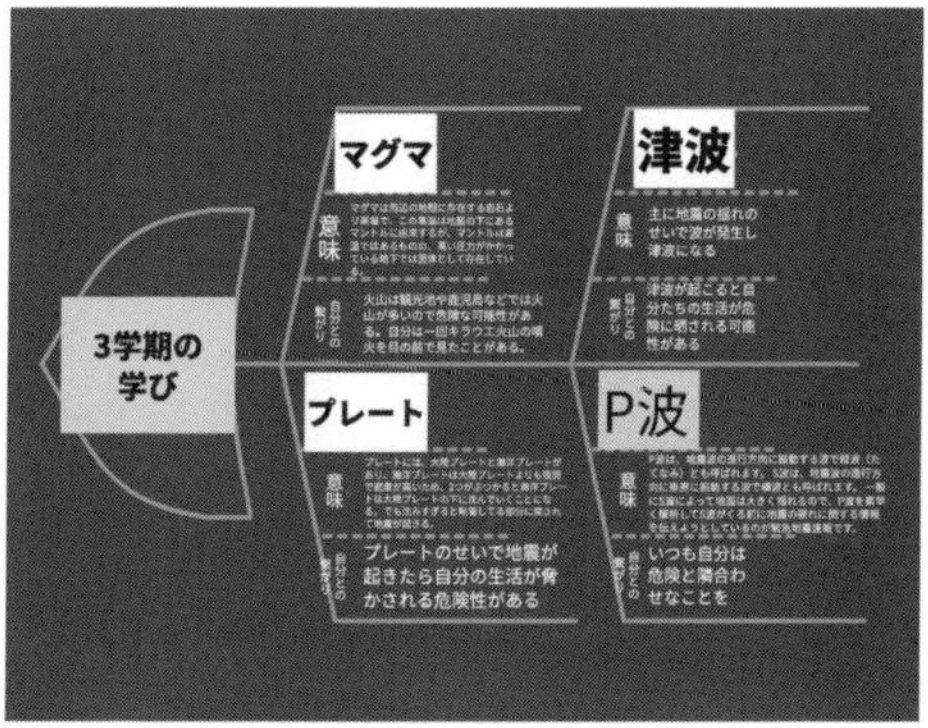

・中学理科におけるテストの問いに、「その内容は、私たちの日常とどのように関連しているだろうか」という問いを設ける。
・高校生物基礎の授業のアウトプット型テストで、「教科書に掲載するコラムを作成する」というクリエーション課題を出す。

これらの課題は、日々の学びがどのように日常や社会とつながっているかを問うものです。もちろん正解が一つではなく、正誤の判断が難しい問いではありますが、実社会において正誤がはっきりすることは少ないので当然のことです。正誤については、教科の内容として誤りでなければ丸をすればよいでしょう。この問いの目的は「社会との接続を意識する」ことなので、**細かい正誤や点数付けという手段にこだわる必要はありません**。

本校ではアウトプット型テストという機会がありますが、他校ではそのような課題を設定する機会はあまりないかもしれません。しかし、**ペーパーテストでも社会との接続を意識した問題を出すことは可能です**。以下は、中学社会の地理のテストでの事例ですが、アウトプット型テストでは以下のような問いがありました。

・北海道の魅力について、以下の語群から三つ以上使って、紹介してください。
語群：札幌、釧路、夕張、洞爺湖、泥炭地、玉ねぎ、じゃがいも、昆布　　など約30

この問いは、学んだ知識を活用しながら実社会に接続した問いになっています。もちろんこれは地理の授業だからこその工夫ですが、**「あなたは」という問い方をすることで、他教科でも実社会と接続した問いをつくることは可能**です。このような問いづくりには、ヒントで紹介した首都圏模試作成の「思考コード」を参考にするとよいでしょう。

このように、授業における問いや課題を工夫するだけで、社会との接続をするきっかけを創出することが可能です。

ストーリーのある素材を使う

より社会と接続させるための取り組みとして実施しているのが、「ストーリーのある素材を用いた授業」です。**「ストーリーのある素材」とは、素材を得る過程や、その素材自**

体への想いを生徒と共有できるものを指します。この実践は、中学理科における「脊椎動物の体のつくり」および高校生物基礎における「生態系」の分野で、魚類の解剖の際に実施しました。通常、解剖を行う際にはスーパーなどで身近に手に入るものや、実験動物として売られている生物やその臓器を用います。これに対して本実践では、スタディツアーにも訪れている三重県熊野市二木島より直送していただいた魚を用いて実施しました。中学理科においては各器官の繋がりや形の観察をし、高校生物基礎においては胃内容物を観察することで食物連鎖について考察する内容で行っています。また、授業ではこの魚がどのように漁獲されたのかを伝えるとともに、定置網漁が比較的生態系に優しい漁法であることや、一方でその文化が失われつつあること、漁師の減少に対して取り組めることを教員から伝えたり、実際に漁師の方々と授業中にオンラインで対話したりして、「素材」の価値を高める工夫をしています。また、解剖したものは放課後に丁寧に調理し、実食するようにしています。その際、家庭科の教員と協力することで、教科横

断的な学習にも発展することも期待できます。使用する魚の中には、市場に出すとほとんど値段がつかない魚も多いのですが、実際に食べるとその美味しさに驚く生徒も多く、「市販されていない魚にも十分に価値がある」ことを感じている生徒も多くいました。終了後に「この魚をいくらで購入したいか」と聞くと、市場よりも高価な値段をつけるなど、実感することで素材の価値変容にもつながることが見えています。また、実際に二木島を訪れたいと思う生徒も生まれています。このように「ストーリーのある素材」を用いると、**単に社会を意識するだけでなく、地域の価値変容に貢献できることや、より深い関係性を築く可能性が見えてきています**。実際に、この実践の後に二木島を訪れる生徒がいたり、そこから派生して未利用魚を活用するプロジェクトが生まれたりするなど、その発展にはまだまだ期待が膨らみます。

（奥津　憲人）

プロジェクト活動で社会と繋がり、変容した子どもの声

プロジェクト活動は、情報収集だけでなく、自分達の仮説と、アクションによって得られた事実を対比させることで**「取り組みを客観視できるようになった」**という声が多く寄せられました。Aさんはプロジェクトを進める上で**「何事も背景まで知ろうとする姿勢を大事にしている」**と言います。「プロジェクトを始める前までは社会課題に対して『問題は当事者にある』といったイメージが強かった。しかし、活動をしていく中で、当事者が抱える背景を知った。その際に、表面だけを見て判断してはいけないと強く感じ、何事も背景を知ろうとする姿勢を大事にしようと思うようになった」と話します。また、Yさんは「問題に関わっている人に目を向けられるようになれた。課題や困難はどちらかの意見を尊重するだけでは解決に繋がらないため、**それぞれの視点から考えるようになった。また、今の自分には何ができるのかを考えるようになった**」、Uさんは「私だけ、仲間だけという小さな枠組みの中で課題解決を行おうとはせず、**周りのステークホルダーをいかに巻き込めるか、共創できるかを大事に活動している。**これは、あるNPOを取材した時に、当事者と周りをつなげる役割をしているというお話を伺って気づいたこと」と語りました。

調べ学習に留まらない、社会をフィールドにした学びで子ども達は意識変容しています。

（高橋　伸明）

第4章

『あなたの想いを、だれかに届ける』

Your thoughts and feelings will reach someone else.

ヒント
10

#『あなたの想いを、だれかに届ける』

「好き」「楽しい」が最強であると信じる

学びは苦痛を伴うという信念をアップデートしよう

私たちは、「真剣にやる際には必ず苦労が伴うものだ」という信念を必要以上にもってしまっている気がします。「石の上にも三年」「若いうちの苦労は買ってでもしろ」などの諺が示すとおり、日本文化にそれが美徳として組み込まれているのかも知れません。

もちろん、ものごとにはそういう側面もあります（という時点で、私もそのような美徳に囚われているでしょうか）。しかし、脳科学や心理学の分野で、ポジティブな感情が伴ったときの方が人間のパフォーマンスは発揮されるとこれだけ証明されているのですから、真剣は苦痛を伴うという考えはそろそろアップデートする時だと思います。

特に学びの分野においては、弱点を克服することから焦点を当てるのではなく、**好き・楽しいというポジティブマインドを原点にするアプローチを取る**ことが有効です。

新渡戸のプロジェクト型の学びは、自分の好き・得意や、その子の関心を尊重することを心がけています。本章で示す高校の旅からはじまるプロジェクトは、自分がピンときたスタディツアーに出かけ、そこで出会った社会課題などが自分の中にストンと入ってきたときに、プロジェクトへと発展していきます。

好き・楽しいは、扱うテーマだけではありません。小学校ではチームでプロジェクトを進めますが、チーム内の自分の役割が学びへの動機を深めます。例えば、一年生に戦国時代から江戸時代初期の武将についてわかりやすく伝えられる紙芝居を作ろう、というプロジェクトでは、ストーリーを組み立てるのが得意な子、絵が好きな子、場を盛り上げながら語るのが上手な子、それぞれの強みを活かして全員でプロジェクトを完成させます。この時に、「全員が同じことを経験しなければいけないのではないか」という従来型の学びのイメージは捨てた方がよいでしょう。個性は十人十色です。**その子の好き・楽しいが原動力になっているからこそ、学びの本質へと到達していく**のだと思います。


（遠藤　崇之）

ヒント
11

＃『あなたの想いを、だれかに届ける』

「誰かのために」は探究の限界を押し上げる

「誰かのため」の学びの方が、持続性は高い

本書では繰り返し出てきますが、新渡戸文化学園の教育の最上位目標は、Happiness Creator、「自分と誰かのしあわせをつくる人になろう」です。肝は、この**「誰かに」**という部分だと私たちは思っています。こと学習となると、自分のためにするものと思いがちです。しかし、皆さんも経験的に理解されていると思いますが、自分のためだけに学ぶという考え方は、なぜか持続力が弱いものです。余談ですが、受験勉強が苦しいのは、受験というものが原則的に自分のためだけにするものだからだと、私は考えています。

新渡戸の学びには、自分以外の誰かのため、という視点を入れることによって、学びに

生命力を与えています。ヒント10で紹介した紙芝居プロジェクトでも、1年生という登場人物によって、6年生は真剣かつワクワク・ドキドキしながら、一生懸命紙芝居を作ります（1年生に「6年生のお話はよくわからなかった」なんて思われたら、先輩の面目丸つぶれですからね）。

中学高校のプロジェクトも、テーマ設定の段階で社会課題と接続できるようなものを選定しています。私たちが「探究学習」よりも「プロジェクト」という呼び名を好むのは、社会課題を解決・改善する活動、という要素を入れたいからです。

私たち大人は、料理は自分のためだけに作るよりも、誰かに「おいしい！」と言ってもらうために作る方が楽しいしやりがいがあることを知っていますが、人の役に立つという感覚から、自尊感情が回復したり自己有用感が高まったりするとも言われています。同様に、学びに利他の要素を入れることは、ひいては自身の精神的な安定や心の成長にもつながると考えています。プロジェクト型の学びには、「誰かのために」の要素を入れて、自分の学びの結果によって人や社会が少しよくなるんだ、という成功体験を味わいつつ、肯定的なマインドを育んでもらいたいと思っています。

（遠藤　崇之）

ヒント12

#『あなたの想いを、だれかに届ける』

未来づくりという視点をもつ・完成度よりも熱意

未来づくりに熱意を持った若者を世に送り出そう

この章のヒントとして最後にお伝えしたいのが、**あなたの教育活動に「未来づくり」という視点を入れる**、ということです。

子どもが、何のために学ぶのか、ということを知りたいと思ったときに、自分と誰かの未来づくりをしているんだということに気がついたら、きっと何よりもエネルギッシュでやる気が漲るものであるはずです。そうであってほしいという願いでもあります。

したがって、プロジェクトや教育活動の中に、どれだけ「未来をつくるんだ」というテーマ性を込められるかが重要になります。ですから、新渡戸文化学園の教育にはＳＤＧｓ

や地域の社会課題の解決に向けたアクションを中心テーマに取り入れているのです。もちろん、どの程度直接的に社会課題を取り扱うのかは、子どもの発達段階によって変わってくることは念のため付言しておきます。

さらに語弊を怖れずにいうと、アクションのアウトプットは、**必ずしも完成度の高い成果が伴うものでなくてもいい**と考えています。まだ未成年の子どもたちがチャレンジすることです。目を見張るような解決策が出ないこともありますし、当然その方が多いはずです（簡単に解決できたら、そもそも社会課題にならないですよね）。大きな賞を取った探究の取組みには、大企業とのコラボで大きな資金を投入しめざましい成果を出したものが評価されるケースを見ることがあります。もちろんそれ自体は素晴らしいことですが、成果の大きさにこだわるより、子どもたちが熱意を持って誰かの未来をつくろうと働きかけた、その事実が教育として重要であると私たちは考えます。未来をつくるという熱意を持って大人になり社会へと出ていく。それを支えるのが、私たちの役割だと思います。

そもそも教育の目的は、そういう若者を世に送り出すことです。その視点でいえば、私たち教師も、教育を通して未来づくりをしている子どもたちの仲間なのです。

（遠藤　崇之）

#『あなたの想いを、だれかに届ける』

「一人ひとりの尊重」と「全員のエネルギー」を両立する

小学校　授業デザイン

デザイン7では小学校において「学びってすごい！」という思いを各教科でどのように生み出しているかを紹介しました。ここでは本校の実験的・象徴的な時間であるプロジェクト科を取り上げ、ダイナミックな学びを通して一人ひとりの思いをどのように実現させているかをご紹介します。

一人ひとりが尊重されるプロジェクト科

総合的な学習の時間を本校ではプロジェクト科と呼び、各学年で様々な取り組みを行っています。そこで行われるプロジェクトの多くが、その年の子どもたちと教師の化学反応で生まれる1年限りのものです。前年度の事例を積極的に踏襲しないことには負担もありますが、子どもたちの興味・関心や、担当する学年チームの強みをかけ合わせてつくっていくことに魅力を感じています。プロジェクト科では指導単元の制限が少ない分、とても自由な学びが展開されます。

- 様々な個性・マイノリティ性をもっている方々と3ヶ月間バディとして共に過ごし、最後はその方の絵本を書き上げるヒューマンライブラリープロジェクト
- マインクラフトの世界で、チーム一人ひとりの幸せへの価値観が共存する島をデザインするプロジェクト
- 100年後の未来を想像して3Dモデルをデザインし、N校生とともに未来について対話し合う未来SOZOプロジェクト

テーマは多岐に及びますが、共通するのは**大きな流れは全員で共有するが、その中で一人ひとりの興味や価値観が尊重されるデザインになっている**という点です。

例えば6年生の大槌スタディツアープロジェクトでは、東日本大震災で大きな被害を受けた岩手県大槌町を訪れます。この地でいきいきと幸せに暮らす方々と共に日々を過ごし、

自分が何を感じるのかを探究するプロジェクトです。このプロジェクトでは、大槌でどんな方々と過ごしたいかを自分で選ぶことができます。**自分の感性で探究をコーディネートすることができる**のです。また、東京に帰ってきてからは「大槌で出会った言葉」を自分で考え、その言葉がなぜ自分に響いたのかをアウトプットします。全員が大きな流れは共有しつつも、一人ひとりの価値観が最大限尊重される流れです。

このような理念は新渡戸の教師に共有されており、どのプロジェクトにおいても選択できる場面が存在するようになっています。イメージしやすい個人探究とは異なりますが、このようなパターンのプロジェクトでも子どもたちの個性は尊重できるのではないかと考えています。

学びの祭典をつくりあげる

学びを誰かに届けることの大切さはヒント7で説明したとおりですが、新渡戸にはその象徴的な時間として新渡戸祭とスタディフェスタというイベントが存在します。この二つのイベントでは、各学年がプロジェクト科や各教科で行った探究をダイナミックに発表します。教室や廊下が美術館のようになります。

例えば1年生では、生活科・図工・国語などをかけ合わせて「どうして好きなものだけ食べてはいけないんだろう」ということを考え抜いた答えを演劇として発表しました。また3年生では株式会社エイチ・アイ・エスの方々と協力してもらい、町の魅力を独自に発信する旅行代理店を模したブースを運営したこともありました。

このイベントのポイントは、**全員のエネルギーによって場が素晴らしいものになっていることを前提として、一人ひとりの学びが尊重され、独立して発表されている**ことです。自分の学びが学年の学びの一部としてのみ捉えられてしまえば、その子の個性や価値観は発信されません。どの学年も発表スタッフを輪番制にして自分の考えを発信できる機会を確保したり、学年の作品以外に個人の作品を制作したりして、「学年みんなで学んだけれど、自分の考えはこうです」と言える機会を保証しています。

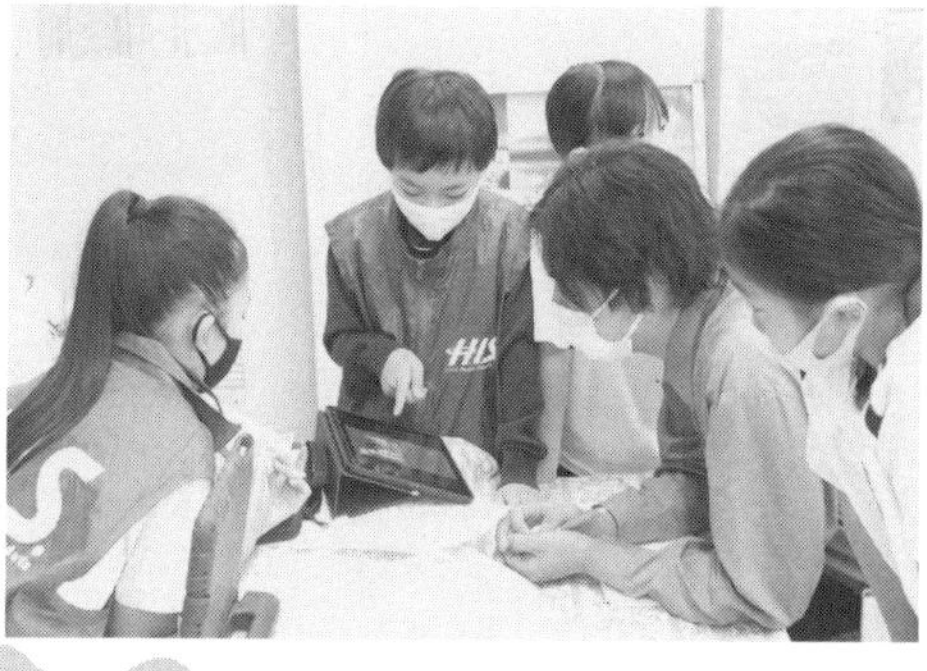

プロと共に学ぶ

自分の思いを誰かに本気で届けるためには、学校外のプロフェッショナルとの協働が効果的だと私たちは考えています。そのため、主にプロジェクト科では様々な企業や個人の方々と共にプロジェクトをつくりあげることがよくあります。

例えば、自分の関心のある社会課題の解決策を独自の視点で考える4年生のプロジェクトでは、常識にとらわれずに様々なアイディアを出すことに強みのある総合広告会社の皆さんにプロジェクトに伴走していただきました。無関係に見える二つの事柄をかけ合わせてアイディアを発想する「かけルール」という手法を考え出し、プロジェクト中は子どもたちの相談役となっていただきました。最後はその会社の方々に向けて本気でアイディア提案をするという場も設け、プロジェクトが本格的になりました。

また、6年生の卒業アルバムの個人写真をお互いに取り合うというプロジェクトでは、プロのフォトグラファーの方に協力していただき、写真を通して自分や友達の理解を深めるという難題に共に挑みました。プロならではの目線でのフィードバックは、子どもたちにとってもかけがえのない気づきになりました。
プロフェッショナルの方と共にプロジェクトを行うことには多くの良さがあります。

- 「先生が全て」という前提を崩すことができる
- 学校独自の文化や学びのプロセスから脱却することができる
- その道を突き詰めているからこその意見を聞くことができる
- プロに対して意見を伝えるときの心地よい緊張感を得ることができる
- 多様なロールモデルに触れることができる

など

自分の思いを届けるようなプロジェクトにするためには、**おままごと感**を最大限排除しなければなりません。社会で活躍するプロの方々と共にプロジェクトを行うことで、子どもたちは「自分が学んでいるのは学校内だけじゃないんだ」と認識することができるのではないでしょうか。また同時に、関わってくださるプロの方々からも学びや気づきの多い時間になったとコメントをいただくことが多くあります。このようにお互いに良い刺激を与え合うことができるのも、社会に開いたプロジェクトを行う魅力です。**(栢之間　倫太郎)**

デザイン
11

#『あなたの想いを、だれかに届ける』

地域や社会につながり、共創者を得る

中学校　授業デザイン

生徒主体の探究チーム「プロジェクト」

新渡戸稲造博士は、第4章で紹介した「学問と実社会を結びつける『学俗接近』」の他にも、「知行合一《ちこうごういつ》」という言葉も大切にしていました。**「知っていても、行動しないのは、知らないのと同じ」**という意味です。激動の時代を生きる今だからこそ、建学者の精神に立ち返り、「行動すること」にこだわった教育をデザインしています。推進するのは、行動Challenge Based Learning（リアルな社会が抱える課題の解決に向けて外部連携して考え、行動していく学び）です。**受け継がれる想いと、新しい教育の知見を融合**させています。

Cross Curriculum（教科横断型授業）のラボ活動で社会から学び、社会に向けて発信する経験を繰り返していくと、専門家や企業、外部団体などとも積極的に連携し、実社会でのリアルな体験や社会に生きる人々とのディスカッションなどを通し、現実に起こっているさまざまな社会課題の発見や解決を目指していくようになります。Core Learning（教科基礎学習）やCross Curriculum（教科横断型授業）で培われた力を発展させ、社会課題に挑戦するプロセスでは、学びを具現化するアイデアやさらなる探究心が育まれていきます。

その結果、「プロジェクト」が発足されるようになりました。**プロジェクトとは、「もっと挑戦したい」という意欲が生まれた有志で、生徒が自主的に発足させる、生徒主体の探究チーム**のことです。現在でも、「製品開発」「キャンプ」「実験教室」「校則」「オーガニックコットン栽培」「検定対策」など、多様なテーマのプロジェクトが多数存在します。生徒の申し出により担当教員がつき、部活動と同等の扱いで放課後や休日に活動中です。

自分と社会の接点を探る活動プロセス

ラボ活動の一つ「AFF（Action for Future）」は、1年間で10社以上のSDGs推進企業を現地訪問・取材し、その成果を発表や展示、体験会などの形で共有してきました。

次のように、**活動のプロセスは生徒が主体となって自分と社会の接点を探っていきます。**

①**【生徒がテーマを決定】**前期：好き（興味・関心）／後期：自分や誰かの「困った」
②**【関連するSDGs】**生徒が自分で選んだテーマに関わるSDGsを複数選択する
③**【実現したい社会（目標・理想）】**テーマを実現したい社会に向けてどうしたいのか
④**【実現可能な行動】**目標・理想とする社会に向けて自分ができるアクション
⑤**【推進企業の抽出】**目指す社会の実現に向け、既に推進している企業の調査・選択
⑥**【仲間に合意を得る】**メンバー同士①～⑤を共有し、チームの仲間に合意を得る
⑦**【企業へアポイント】**協力しながら、活動の目的を伝え、企業に取材の約束をする
⑧**【企業へ訪問取材】**チーム全員で企業に訪問し、取材して、取り組みや想いを伺う

現地取材により、多くの企業が環境に対して本気で取り組んでいることを知り「自分達もチャレンジしたい」という想いを原動力にプロジェクトを発足しました。「森林保全」と「絶滅危惧種の周知」を目的としたフィールドワークや、ワークショップなどの活動を現在も続けています。

世界と未来を変えられる、自分に出会う

ラボ活動を通して興味・関心を深め、問題意識を高めてスピンアウトして生まれるのがプロジェクトです。環境に意識を高めた中学生SDGsアクションプロジェクトは、「森林が無くなるとどうなるか」「なぜ、私たち人間が、環境や動物・生物を守らなければならないのか」という、**「本質的な問い」から活動がスタート**しました。そこでたどり着いたのが「森林保全」と「絶滅危惧種の周知」という**活動の目的**です。目的の達成に向けて、生徒同士で様々なアイデアを出し合い、行動に移しました。まず、現状を知るため、「人と自然が調和して生きられる未来を目指して、失われつつ生物多様性の豊かさの回復や、地球温暖化防止などの活動を行う環境保全団体」であるWWFジャパンに生徒自らアポイントを取り、環境への学びを深めました。そして、生徒同士で「理想とする森林」について考えました。そこは、あらゆる生物が共存する絶

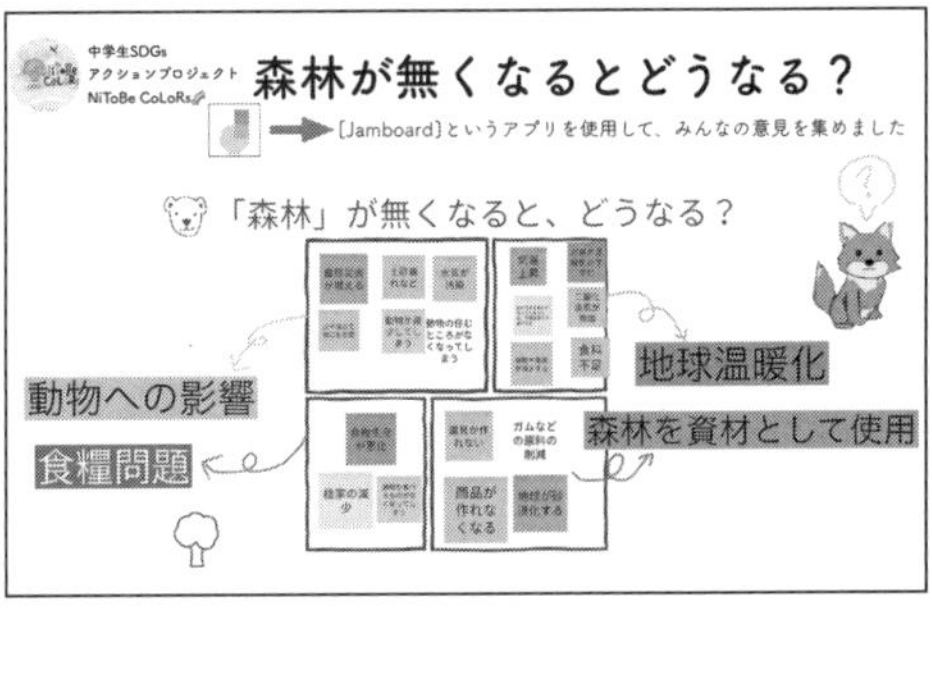

滅の危惧が無い森でした。そもそも我々人間が「絶滅危惧種の存在を知らない」ことに課題意識が生まれ、「森林にも優しい取り組みで、絶滅危惧種を周知できる方法はないか」という**新たな問い**が生まれました。応えるべく、学びの過程で知ったのがＦＳＣ®認証マークです。環境などに配慮した責任ある森林管理の普及を目指す国際的な非営利団体であるＦＳＣ®（Forest Stewardship Council®：森林管理協会）が、厳しい基準をもとに認証するもので「森を守るマーク」としても知られています。**「森林保全」という最上位の目的を達成するために、「絶滅危惧種の周知」に加え、「ＦＳＣ®認証マークの普及」という目標が生まれました。**これを体現すべく「ＦＳＣ®認証を受けた折り紙で絶滅危惧種を折り、子ども達にＦＳＣ®認証された商品を選ぶ大切さを知ってもらう」というアイデアが生まれ「第３回ＦＳＣ®アワード」に出場しました。しかし結果は、全国トップ10のファイナリストには選ばれるものの、グランプリは逃しました。そこで生徒達は諦めず「このアイデアを実現化させたい」というアクションへの意欲が加速しました。学校を飛び出し、様々な場所で勉強会やワークショップをしました。学校がある区役所の取り組みを知るため、環境課を訪問し学び、地元にある企業（中野マルイ）で何度もワークショップを開催しました。持続可能なまちを次世代へ引き継いでいくため、企業・学校・公共団体等が一丸となり、身近に取り組める「地球にやさしいエコライフ」を提案する「なかのエコフェア」では、史上初、学校団体として出展以降、3年連続で出展し、現在に至ります。「なかのデコ活コンテスト」でも最優秀賞を受賞しました。地元に限らず、世界全体で「地球のことを考える日」として設定されているアースデイ。毎年4月開催の「アースデイ東京」でも出展しました。日本の文化でもある「おりがみ」を使用した森林保全や絶滅危惧種の周知という世界的な視点の取り組みを行う中学生の姿は海外メディアからも注目され、フランス全土にもテレビ放送されました。ワークショップの参加者はのべ1000人を超え、SNSのフォロワーも増えて、周知が広がっていきました。「超文化祭」のドネーションプレゼンで寄付金を獲得し、生徒が想いを語り、共創してくれる企業や団体も増えました。折り紙の印刷には「㈱美創」、生徒が作成した絶滅危惧種の説明文の監修にはWWFジャパン、製品化の保証として日本玩具協会など、共創者を得て、「日本初」となる「日本製FSC®認証紙を使用した折り紙」が開発されました。生徒のアイデアや想いを形にして臨んだ「第4回FSC®アワード」では、最優秀賞を獲得し、同時にFSC®ジュニア・アンバサダーに任命されました。**生徒たちが地域や社会につながり共創者を得ることで、世界と自分の未来を変える行動者に変容していきました。**

（高橋　伸明）

『あなたの想いを、だれかに届ける』

旅から新たな問いが生まれ、自分の「在り方」を問う

高等学校　授業デザイン

卒業後にも残る教育

毎年、卒業生が母校を訪れてくれます。ありがたいことに現任校だけでなく、公立時代の複数の勤務校の卒業生も訪れてくれます。今回のテーマである探究活動の視点で俯瞰すると、大学等進学後や、社会人になった後も、自分の問いを持ち主体的に活動を続けている教え子もいれば、当時の熱量はなくなり、パタリと活動が止まっている教え子もいます。どちらが良い悪いではなく、本書では、前者の生徒を育むことを目的にしています。そこで、前者の生徒にはあって、後者の生徒にはなかった要素を考察してみると、進路多様校、進学校、現在のオルナタティブ校と共通して、**生徒の自らの興味関心や、好きなことから**

始まる探究活動を経験していたか、していなかったかは、高校卒業後の活動にも大きく影響をしていることが見えてきました。この感覚は、Apple創業者のスティーブ・ジョブズの「人は本当に好きなことしか続けられない。僕はそう確信している。だから、好きなことを探してみるんだ」という言葉にも通じます。この章では、生徒自らのテーマで探究活動を始めるきっかけとして、再現性が高いと信じて疑わない教育実践を紹介します。

何度も対話する

時間がかかるようで、結局は近道となるのは、生徒一人ひとりとの対話です。本校では「one on one」と名付けて、教員と生徒との対話の時間を大切にしています。高1入学時の1学期は、学年担当を超えて、教員一人に15名から20名の生徒を振り分け、1学期を通じて、学びの地図や、新渡戸ポートフォリオという図を活用しながら、生徒一人ひとりと対話する機会を大切にしています。この際、質問している主な項目を紹介します。

- 小さい頃、時間を忘れるくらい夢中になっていたことは何だったか？

・美しい、楽しい、悲しいなど、感情が動くときはどんな時か？
・あなたのこだわっていること、大切にしていることは何か？
・1週間が8日あるとして、8日目にやってみたいこととは？
・世界の何かを一つだけ変えられるとしたら、何を変えたいか？

教師が結論を導いたり、何かを教えたりすることはありません。生徒が伝えてくれる内容をありのまま受け入れ、共感を伝えるようにしています。このような対話をきっかけに、生徒一人ひとりが、**自分の在り方と向き合っていく静かな時間**を大切にしています。すぐに自分の在り方について見出せるものではありませんが、必ず生徒の心の中にあります。

旅をする

学校には修学旅行という旅のコンテンツがあります。旅は日常から非日常に出て自分の価値観を問い直すきっかけになります。海外渡航はもちろん、国内でも都市部の学校であれば地域へ、地域の学校であれば都市部へ旅をすることで、自分の当たり前を問い直すことができます。ここで私が定義する旅とは、旅行業者に託して、**コンテンツが次々に出てくるサービス型の旅ではなく、関係性を紡ぎ、連携を約束できた地域を訪れ、その地域でそっと暮らすような旅**です。一例をあげると、小・中学校が休校してしまったような漁村にお米と味噌と寝袋を持って数日間、暮らす旅があります。地元の方々と一緒に働きながら、その地域に残る漁業文化に触れ、自分で魚もさばきます。また、スマホの電源を切ることを推奨し、大自然を感じる時間も大切にしています。

一方、地方の学校の生徒を本校で受け入れるパターンもあります。生徒が東京の魅力と課題を事前に調査し、地域の生徒をゲストとして東京を案内します。これまでのテーマは、防災の視点と都内の観光を組み合わせたもの、学校の最寄駅の都市開発地域と商店街を比較するもの、東京大空襲から戦災跡地を巡るもの、東京のお祭りに参加するものがありました。宿泊の基本は学校にテント泊で、調理室で自炊もします。お風呂は学校の近くの銭湯を利用します。

旅を通じて日常の当たり前の外に出る経験から、改めて自分の中で生まれてくる問いや感情を対話を通じて引き出していき、生徒一人ひとりの在り方に向き合っていくと、自分の探究テーマが生まれてきます。

約束と小さな行動の繰り返し

旅でこれまでの当たり前に違和感を持った生徒たちには、様々な問いが生まれてきます。ここで対話をすることで、生徒たちは自分の在り方を考えるきっかけとなっていきます。この対話の相手は教師だけでなく、生徒と生徒、インターンの大学生、外部支援員など、様々な人たちです。どこに感情が動き、どこに違和感を持ったのか、自分の中で生まれた心地よさと心地悪さの違いは何か、美しいと感じたものと、美しいと感じなかったものは何かなど、対話を通じて様々な感情と向き合い、生徒一人ひとりが自分の在り方を見つめていきます。そうなると学びの地図や、新渡戸ポートフォリオも更新され、文字やキーワードが増えていきます。すると、多くの生徒は、「地域の〇〇さんのために」や「あの美しい自然のために」と利他的なマインドが醸成され、具体的な相手をイメージして、その相手と「約束」をするように自分の探究テーマを見出していきます。三重県熊野市二木島の漁村の例では、高1でこの地域を訪れ、しばらくするとこの生徒からは「お世話になったあの漁師さんのために」と、過疎化した地域へ貢献する内容を考える探究が始まりました。高3では地域の休校した中学校を活用した防災訓練を企画し、休校した学校に久々の活気を取り戻すことに貢献しました。この活動がきっかけで、地域の方からお祭りに関わってほしいという依頼があり、さらなる再訪を約束しました。卒業後、大学生になってから、地域のお祭りに思い出の写真展を企画する形で関わるという継続的な活動の事例が誕生しています。

アインシュタインは、教育を次のように定義しています。

教育とは、学校で習ったすべてを忘れたあとに残るもの

探究を続ける生徒を育む教育の成果は、学校を卒業した後に生徒に残っている探究心や探究スキルが重要なのかもしれません。卒業生の姿を見て、**現在の学校の教育活動の何が卒業後も残り、何が残っていないかを分析し、教育を問い直し続けたいです。**（山藤　旅聞）

社会に「想い」を届け、行動も変化した子どもの声

プロジェクトは、自分の興味関心や「好き」からのみ発生するものではありません。**「自分のネガティブな感情をプロジェクトにしてポジティブに社会に届けられた」**と振り返るTさん。「居場所づくりプロジェクト」を立ち上げるきっかけになったのは、「家庭や学校に自分の居場所がない」というネガティブな感情だったと言います。それが「第三の場所をつくりたい」という原動力となり、座談会を企画しました。**「当事者同士が繋がることができる機会になれば」**と、イベントに込めた想いを語ってくれました。

探究的な学びで「どんな自分の変化があったか」を振り返ったのはNさんとKさんです。Nさんは**「自分や周りの限界を超えていこうというマインドになれた」**と言います。その理由として**「周りのみんなも活動しているという刺激が常にあった」**ことを挙げました。Kさんは、**「これまでに比べて行動するようになった」**と述べます。「学校以外のイベントやプログラムに参加する機会が増えた」と言います。さらには**「これまで、自分が興味が無かったことにも興味を持つようになった」**という変化があったそうです。「他の仲間のテーマに関する行事を見に行ったり、調べてみたりして、視野が広がった」と語ります。

「想い」を届ける探究によって、子どもたちの意識が変わり、行動変容も見られます。

（高橋　伸明）

第5章

#『学びの文化を、みんなでつくる』

Create a culture of learning together.

ヒント
13

#『学びの文化を、みんなでつくる』

ひとつのすごい授業より、学びの文化をつくることを大切に

重苦しい「研修」では、教師の学びも前進しない

第5章では、「学びの文化」ということについて考えていきたいと思います。私たちはこの「文化」という言葉に、ある一定のこだわりを持っています。それは、表面的で即物的に華々しい成果よりも、しっかりと目的に沿ったアウトプットが、継続的に、そして無尽蔵に生み出されていくことの方が大切であることを知っているからです。そのためには、自然発生的にそのようなアウトプットが生まれる環境を作る必要があります。その環境の土台となるのが、「文化」であると定義しています。なお、そのような文化が子どもの間に流れていることは大前提ですが、この章でお伝えしたいのは大人側、教師の学ぶ文化に

関するものです。

この文化をつくりあげ定着させるのは、具体的には**研修システム**です。どの学校でも教員研修には取り組まれていることと思います。しかし一方で、「研修」という言葉によい印象を抱いていない方も少なくないと想像しています。

その理由も学校によって様々だと思いますが、私が思うにいくつか挙げられます。まず、**研修内容が「上から振ってくる」ものであることが多い**ということです。年次研修や上長から「行ってきて」と言われたのが理由で受ける研修は、少なくありません。要は、受講者とのニーズがマッチしていないのです。必要性を感じないものを学ばなければいけないことほど、モチベーションが上がらない学びはありません（私たちは学びのプロフェッショナルであるはずなのに）。

また、研究校に指定された際の校内研修などにしても、定められた役割により人ごとに熱量がまちまちで、**目的の統一感をもって学びに向かうことが難しい**ことがあります。そしてややもすると討議の時間には、その温度差や意見の相違が不協和音となり、負のエネルギーをとなってぶつかり合い、結果的に組織の雰囲気が悪化していきます。それでは、学びに向かう意欲は削がれてしまいますよね。

雰囲気に関して蛇足をいうと、研修講師の方が教室に登場する際に、恭しく校長が先導して入場したり、研修終了後には必ずとってつけたような「謝辞」があったりする文化も、場の空気を重くし、学校の学びをつまらなくさせているものだと個人的には感じています。

先生もワクワクする学びのシステムをちりばめよう

新渡戸文化学園の学びには、そのようなミスマッチや、好ましくない雰囲気は一切ありません。先生もワクワクしながら学べるアイデアが、随所にちりばめられています。

まず新年度の初日、4月1日には、学園共通の**「NITOBE Professional Learning（NPL）」**というイベントがあります。平たくいえば研修なのですが、ワクワクして新年度に望むために、研修という言葉は使っていません。子ども園・小中高の先生が一堂に会して、本来の私たちの教育の目的を確認できるような、そんなコンテンツに満ちた学びの時間です。

長期休暇にも学びの場をつくります。小学校では、**「プロジェクト・ラーニング・デザインチーム」**という研修を手がける担当者たちが、自らの手でプログラムを考案し、今必要な学びを提供してくれます。詳細は後の項に譲りますけれども、手前味噌で恐縮ですが、日本一の学びのシステムと文化があると自負しています。

他にもいくつか仕組みをご紹介します。小学校では、ほぼ月に一度、午前授業にして午後を丸々教員の学びに充てる**「教育研究日」**を設けています。ここで定期的に自分たちの現在地を確認しています。個人で見つけてきた研修（一般企業研修なども含む）に参加して、その費用を学校が支援するという「武者修行プロジェクト」も行っています。

そして最も特徴的なのは、2024年の3月末、教員全員で東京の山奥にある廃校になった宿泊施設を利用して、**「合宿研修」**を行いました。本年度の振り返りをふまえ、次年度私たちの学校に必要なもの、新しく創り上げたい文化について、対話しアウトプットし続けた2日間になりました。ここには、任意で次年度からジョインするメンバーも参加してくれ、新チームで発信するという一体感を作ることができました。

新渡戸文化学園には、教師一人ひとりに「前に進もう」「よりよいものにしよう」という思いが漲り溢れています。それを支えるのが、学びの文化なのです。教師もワクワクし、前向きになれるための文化の構築が、もっとも大切なのです。

（遠藤　崇之）

『学びの文化を、みんなでつくる』

ヒント
14

#『学びの文化を、みんなでつくる』

大人も子どもも、誰一人取り残さない

誰一人取り残さないために対話を重ねる

学びの文化の構築には、組織の隅々にその空気が広がっていることが不可欠です。一部の熱量の高い教師だけが盛り上がっているようでは、なかなか文化としては浸透していきません。誰もが自分の特長を活かしながら、その人なりに学びの文化への関わっていくことが重要です。そのために必要だったのが「対話」でした。

もちろん、人の考えには個人差があります。これはどの学校、どの組織でもある悩みです。当学園の場合、変革前からいらした方で新しい価値観の獲得に苦労する人もいれば、新たにジョインした方でもなかなか歩調が合わなかったということもありました。

実は変革が始まった当初は、私たちも血の気が多過ぎた時期もありました。新しい企画や実践を次から次へと見つけては取り入れようとしてしまったこともあります。そういう熱意が変革を動かしていくことも確かですが、全体の合意がなければ、結果的に組織のエネルギーは損なわれます。その時校長は、「早く行きたければ一人で行け。遠くへ行きたければみんなで行け」というアフリカの諺を引き合いに出しながら、先に飛び出しがちなメンバーとゆっくり追いつこうとするグループをまとめようと尽力してくれました。

そのような「失敗」も経て私たちは、まずは私たち自身が十分に対話を重ねることに力を注ぐ集団に変容していったと思います。**対話で重要なのは、相手を傷つけないという前提の上で、結論を予定調和にしないこと**です。哲学者の永井玲衣さんは、対話は「結局人それぞれで終わらせない」ことだと述べています。浅い思考ではたどり着かないオリジナルの答えを発見するために、対話があるのだと今は理解しています。

教師の相互理解のインフラ「ＭＢＴＩ」

実は、対話ができるこの環境を下支えしている仕組みに、ＭＢＴＩという性格検査があります。特に小学校では、教師全員がMBTIを受検しています（恐らく、全員がMBTIを受けている学校は、当校が日本唯一ではないかと思います）。

MBTIとは、心理学者のユングの理論に基づいた心理検査で、人間が生まれながらにして持っているとされる性格（心の利き手）を明らかにすることで、自分が思わず考えたりすることや取ったりしてしまう行動の理由を理解し、自己理解を深めることができます。

例えば、締切が決まっている提出物は、計画的に準備をした方がいいと一般的には考えられますよね。しかし私は、締切間際までためてしまうタイプです。しかしそれは、最後まで粘った方がよりよいアイデアが出る気がしているという自分なりの理由があるのです（言い訳っぽく聞こえてしまいますが）。このような考えや行動の違いも、MBTIで説明ができます。MBTIでは性格傾向を16種類のタイプで表現し、それぞれどのような特長があるかを詳しく解説しています。これを学ぶことによって、**自分が取りやすい傾向をとらえ、苦手と感じやすい場面に対して対策を考える**ことができるのです。

MBTIは自己理解を深めることに留まりません。**他者のタイプも知ることにより、その人のとりやすい行動傾向や、場合によっては自分と相容れない部分についても、相互に理解を促進する**ことができます。

例えばうちの職員室に、会議の最後の最後で、話をひっくり返すような発言をしがちな人がいます。こういう言い方をすると、単に困った人のように聞こえてしまうでしょうし、実際にそのように捉えられてしまうこともありました。ですが、実はそれは性格タイプの表れであるということが、ＭＢＴＩを通じて本人も周囲も知ることができました。そのタイプは、情報を隅々まで集めて自分の中で分析し、その結果が外の世界のものと乖離があると判断した場合に、発言をするという性格傾向だったのです。その人の発言によって、結果的には結論の穴を見つけ、より高度なものに磨き上げることに貢献してくれていました。決して土壇場でひっくり返して皆を困らせることがその人の目的ではなかったのです。こうした理解のもとに、私たちは例え苦しい対話になったとしても、相手を否定せず、お互いのよさを尊重しながら話し合うことができるようになっていきました。

「ＭＢＴＩは私たちの職員室のインフラだ」と言う先生もいるように、相互理解を深めるためにもはやＭＢＴＩは必要不可欠なツールになっています。このような工夫も取り入れながら、私たちは誰一人取り残さない組織をつくろうと努力を重ねています。

（遠藤　崇之）

ヒント
15

#『学びの文化を、みんなでつくる』

学びは続いていく

Haste Not, Rest Not

最後のヒントは、全ての教育活動の中核になるマインド、つまり**私たち教師自身が学びを続けること、学びを止めないということ**についてお伝えします。

私たちが目指している学びは、これまでの世の世にはカタチになっていません。それを、手探りでこの世に浮かび上がらせようと模索しています。この作業は楽しくもあり、苦しくもあります。楽しいけどツラい、ツラいけど楽しい。私たちは常にそんな心境です。

一方で、世の中にカタチがないといっても、当然、全くもってゼロからつくるわけでもありません。多くの偉大な先人や、優れた実践に現在進行形でチャレンジしている方々の知見を分けていただきながら、何が活かせるか、どう取り入れられるかを考え、試行錯誤していいます。

ですから私たちは、常に学び続ける必要があります。学びの歩みを止めることは、私たちの目指す学校を諦めることを意味するといっても過言ではありません。最後に、学びを止めない新渡戸文化学園の人々を紹介して、締めたいと思います。

中学高校・校長の小倉良之先生は、都立高の校長を定年退職した後、新渡戸に来られました。国語の教員、というだけでは説明がつかない程、とにかく話が面白い。文学、歴史、宗教、音楽、サブカル、多岐にわたるジャンルから引用して、私たちを導いてくれます。そのために彼は、今も図書館、美術展、映画館、コンサート、どこでも駆けつけ貪欲に学び続けています。

小学校校長の杉本竜之先生は、公立中学校の校長を退職した後、ひょんなことから翌年には小学校の校長に。そこからの変貌ぶりは驚異的です。どちらかというと規律中心の大規模校の校長だった杉本先生は、新渡戸の教育方針をインストールしつつ、自身の経験と融合させて小学校を導いていています。そこには、見えないたくさんの学びの努力があっただろうことは想像に難くありません。

中高の副校長の山藤旅聞さんは、まさに学びの権化です。ご自身も多くの肩書きを持って活動しながら、数え切れないほどの団体とつながりを持ち、豊富な学びを学園内に呼び込んできてくれています。

昨年3月には、探究学習のメッカであるアメリカ・サンディエゴのHigh Tech Highが開催するDeeper Learning Conferenceに、4人の先生が手を挙げて、現地に行き英語のカンファレンスに飛び込むという武者修行をしてきました。

中学の国語担当のSさんは、元々は剣道指導のつながりで新渡戸にジョインしたものの、学びの本質を考えるようになり、海外での研修を経て日本で200人ほどしかいないApple Distinguished Educator（ADE）の認定者となりました。そこには、中高の数学担当であり同じくADEでもある芥隆司さんの存在が大きく影響しています。

探究学習の普及推進に努めている藤原さとさんが主催する一般社団法人「こたえのない学校」の「Learning Creator's Lab（通称LCL）」には、毎年誰かしらが参加しており、今年度は2人の先生に学んでもらっています。

今年ジョインしたNさんは、公立校時代に立ち上げた任意グループで、今や千人以上のメンバーを擁する「校内研のミカタ」を主催し、自身もそこで学び続けています。

プロジェクト型の学びの牽引役であるNさんは、ソニー教育財団が主催する研究会に参加し続け、昨年度発表した論文が全国の応募者の中から優秀賞に選ばれました。今年は最優秀賞をと、さらに意気込んでいます。

「花まる学習会」の人気講師だったKさんは、4年前に新渡戸で小学校の先生に転身しつつ、週1日は花まるの先生も続けながら新しい風を吹き込んでくれました。

民間企業と公立校教員の両方のキャリアを持つHさんは、自身の経験も活かしつつ、教師が教師以外の肩書きを持つことによるウェルビーイングに与える影響について、教員を続けながら大学院で研究をしています。

まだまだ紹介したい人はたくさんいるのですが、紙面の関係上、一旦ここまでにします。興味がありましたら、ぜひ新渡戸文化学園の教育デザイナーたちとつながってください。お互いによい学びの刺激を与えあえると思います。

私たち自身が、学びの探究者であること。新渡戸稲造の言葉である**「Haste Not, Rest Not（急ぐな、たゆむな）」**を羅針盤に、いつまでもどこまでも、共に歩み続けましょう。

（遠藤　崇之）

#『学びの文化を、みんなでつくる』

一人で行くよりも、みんなで行く

小学校　学校システム

文化をつくるという視点

その学校の文化とはどのように形成されるのでしょうか。ヒドゥンカリキュラムという言葉もあるように、子どもたちはその学級・学年・学校に流れる文化を吸収し、大きく影響を受けていきます。私たちはここ数年、この文化に意識を向け、望ましい文化を再考することに注力しています。

このような視点にたったとき、私たちは**探究の学びをつくりたいという思いを決して一人で抱えてはいけない**という結論にいたりました。一人の教師が見事な探究の学びをつくることができても、学校の文化としてそれが根付かなければ本質的な変化にはたどり着かない。「早く行きたければ一人で行け。遠くに行きたければみんなで行け」という言葉に象徴されるように、私たちは全員で協力して探究の学びをデザインすることに挑戦しています。

仲間と共に授業をつくる「教育研究日」

探究の場を共につくるための重要な時間が、教育研究日です。月に一度を目安に午後の時間を確保し、全教師で集まって授業づくりに取り組んでいます。この時間は前向きに次の授業をデザインすることにも使われますが、今の授業に対するジレンマを共有する場としても使われます。私たちが「にと研（新渡戸の授業研究）」と呼ぶこの時間は年々そのスタイルを変化させていますが、最近の内容をここでご紹介します。

▼一冊の本をみんなで読む

私たちの目指すプロジェクト型の学びの参考になる本を選び、それを全教師で読み込みました。特に重要な章は全員で読んでお互いにプレゼンテーションを作成して発表しあい、それ以外は章ごとに分担を決めて解説プレゼンをし合いました。

1冊の本を全員で読んだのは、プロジェクトデザインにおける共通言語をもつためです。私たちは大きな教育方針の合意はあれど、個々に興味が異なります。**それを尊重した上で、授業の文化をつくりあげるためには共通言語を強固にする必要がありました**。

この作業自体がアウトプットを伴うプロジェクト型の学びとなっているため、私たちはモチベーション高く取り組むことができました。そしてその結果、その後の授業づくりにおいても「あの本に書いてあったと思うんですけど」という参照先を共有できたことで、より深く具体的な議論が展開されるようになりました。

そして何より「同じ本を読んだ」という事実が教師の関係性を高める効果もありました。たとえ異なる授業スタイルをしていたとしても「あの人はあの本の箇所をそういう風に解釈したんだな」と理解することができるのは、大人の関係性構築にも役立ちます。

▼プロジェクトを調整する／ジレンマを共有する

現在行っている授業や、これから行おうとしている授業に対して、仲間からフィードバックを受ける機会も行いました。デザイン4で紹介した子どもたち同士のアドバイスのポイントを参考に、大人たちも試作授業を批評し合うのです。この作業はもちろんフィードバックを受ける側にはとても効果的ですが、アドバイスをする側にとっても有意義なものになります。この際のポイントは**自分の主観だけではなく、目指している学校目標や学校文化を意識してそこから導き出されるアドバイスを行うこと**です。そうすることで無意味な言い争いは生まれず、建設的で助けになる議論が展開されます。

▼授業コンテストを行う

長期休みに行った特別イベントですが、学年チーム対抗の授業コンテストも行いました。全学年で同じ教科・単元をテーマに、プロジェクト型の学びをデザインして発表し合うという機会です。プロジェクトにはルーブリックが設けられ、

途中で試作授業を批評し合う場面もあり、最後には発表機会もあるため、これ自体もプロジェクト型の学びのスタイルとなっています。

合計で六つの授業が発表されるので、自分にはない視点を得ることができますし、最後の投票の際は「よいプロジェクトとは何だろう」という問いを自問する必要も出てくるため、大きな学びに繋がります。また、**一人で授業づくりに悶々と悩むのではなく、みんなの知恵を寄せ合って授業をつくろうという文化を強くするきっかけ**にもなるため、とてもよいイベントであったと感じます。

対話する機会をできる限り増やす

このようなシステムを取り入れ、全員で挑戦していれることは、自分たちの目指す授業をより強く意識し、学校全体としてプロジェクト型の学びの文化を醸成するための重要な手立てとなっています。しかし、これらの手立てはそれ単独で成立したものではないとも考えています。

私たちの小学校の教師の間には【対話の文化】が根底に流れています。これは**ここ数年間の学校変容の中で「とにかくみんなで話しながら進めていこう」という手法を取り続けていた**ことに起因しています。不必要な派閥意識や他責の考え方を持たず、よりよい教育を目指す仲間として全員が対等に存在しています。このような文化を生むために、私たちは様々なことに取り組んできました。

- 学校のビジョンを話し合う合宿　・定期的な学校の「今」を振り返る対話の機会
- 誰でも自身のやりたいことを提案しやすくするための柔軟な校務分掌
- 対話の手法やマインドを学ぶ研修　・互いの性格傾向を共有するワーク（MBTI）

どれが効果的だったのかは定かではありませんが、とにかく対話し続けることが文化となったことは、私たちが探究の学びをつくる上での大切な土台となっています。

（栢之間　倫太郎）

#『学びの文化を、みんなでつくる』

目的で合意し、様々なステークホルダーと共創する

中学校　学校システム

目的を再認識し、学校行事も見直す

第1章で述べたように、新渡戸では、「自律型学習者」の育成を最上位目標に置き、教育活動を進めています。この、**目的を見失わないようにするために、教師の働きかけを、俯瞰して見るツール**があります。これは、首都圏模試センターの「思考コード」とApple のChallenge Based Learning を基にして作られました。それぞれ1から3へと学びが発展するため、**授業だけではなく、学校行事も見直し**が、進められています。例えば修学旅行を廃止

学びの羅針盤

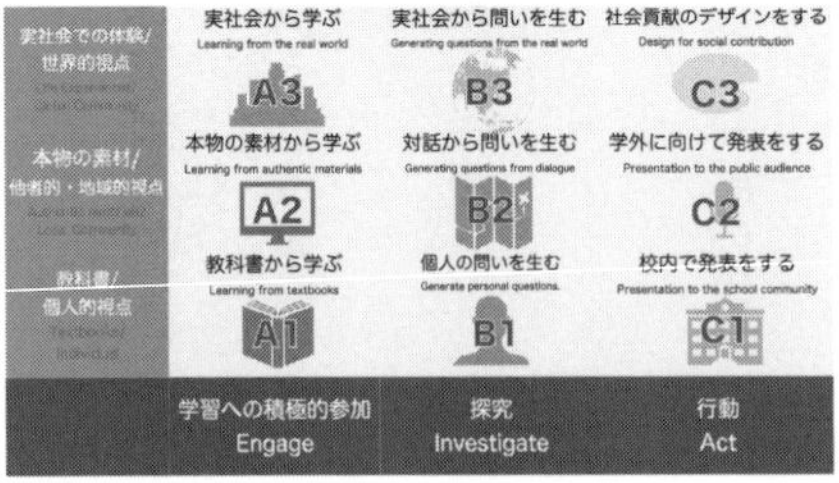

し、「スタディツアー」を実施しています。スタディツアーとは**「体験だけに留まらず、本物に触れ、そこから考える旅」**です。それを、1~3年生が混合で毎年実施し、複数の選択肢から生徒自身が行き先を決めます。これまでに、福島、徳島、群馬、三重、和歌山、東京、海外等を訪れました。福島では現地に赴き、地元の散策や被災者の方の生の声から震災からの復興を学びます。徳島では、世界農業遺産での農耕体験や民泊を通して自然と共に生活しながら感じます。群馬では、中・高・大学生、企業、行政等が産官学連携しながら地方創生を考えました。

このように、**目指す生徒像の育成のために、学校行事も本質的な目的を立て、その達成のために様々なステークホルダーと共創していく**必要があります。スタディツアーも立ち上げの際には、ビジョンを都内にある全ての旅行会社に共有し、100時間を超える会議の中で、ようやく想いに共感してくださる担当者の方が見つかり、共に創ったものです。地元の企業や団体、行政や学校などに加え、民泊や偶発的に出会う人々によって、

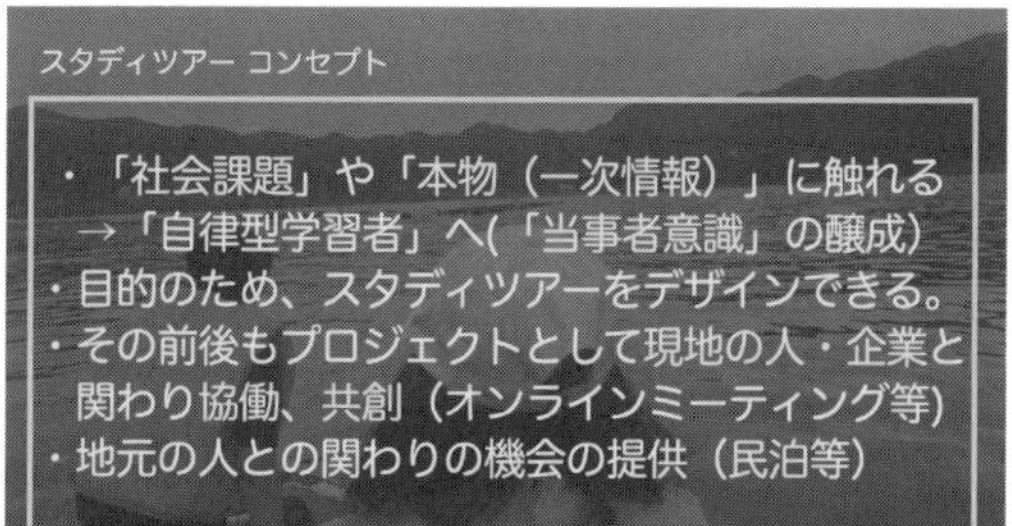
スタディツアー コンセプト
・「社会課題」や「本物（一次情報）」に触れる
→「自律型学習者」へ(「当事者意識」の醸成)
・目的のため、スタディツアーをデザインできる。
・その前後もプロジェクトとして現地の人・企業と関わり協働、共創（オンラインミーティング等）
・地元の人との関わりの機会の提供（民泊等）

発見や気づきが学びとなります。それはどれも**予定調和で楽しいだけではない「光も影も含んだ事実と、生の声にあらわされる想いに溢れた旅」であるから**です。そのような「本物」に触れると、生徒は意識だけではなく、行動も変容していきます。例えば、地元で規格外とされて廃棄されてしまう果実の現状を知った生徒が、帰京後、プロジェクトを立ち上げ、地元の規格外果実の活用について協力者も得ながら行動しています。また、別の箇所でも、帰京後も地元生徒とオンライン交流を何度も重ね、地元と東京を比較し、それぞれの魅力と、課題を議論しました。それを自分たちの目で見るべく、地元生徒を招待する形で「東京スタディツアー」が開催されました。東京の商店街を立て直した会長さんと一緒に東京と地元の生徒がまわり、「まちづくり」についてそれぞれの視点から語りました。

東京に生まれ、東京で育った生徒は、東京の視点で考える社会人に育ってしまう可能性があります。観光でも思い出作りでもない、現地での本物の体験によって、社会や誰かの困難が自分の課題となり「自分ごと化」していきます。

教員は強みを活かし、外部人材の力も借りる

本質的な目的や問いを設定し、社会から学んで、社会に向けて行動していく過程には、伴走者やサポーターが必要です。その、**第一となるのは教員**です。新渡戸では、「チーム担任制」をとっています。「支援が必要な時に、必要な人を選ぶ」ためです。教員は、経験年数も違えば、それまでの経歴や得意分野も異なります。**それぞれの強みを活かしながら、生徒の学びのベストサポート**を試みます。

もちろん、教員だけのサポートでは不十分です。それは生徒が設定した探究テーマが伴走する教員の専門外であることの方が多いからです。「郷に入っては郷に従え」ということわざもありますが、**その道のプロに協力いただく**のが、生徒の真の探究に繋がります。だからこそラボ活動では学校を飛び出し、現地取材を行ったり、専門家を学校にお招きしたりして積極的

に外部人材の方々にお力添えいただきながら探究を進めていきます。

生徒の成長のために、合意してサポートする

生徒の学びを最大限にサポートするのは**学校では教員ですが、家庭では保護者の方**です。学校や生徒が目指す探究のビジョンを日常的に共有し、合意していただき、共に進めます。例えば、三者面談も新渡戸では「生徒によるプレゼン」で行います。生徒自身が日々の授業や学校生活を振り返り、保護者と教員に向けて、学びや未来の自分についてプレゼンテーションします。**生徒自身の考えや、ビジョンを表現し、共有することで保護者と教員を含めた三者が合意できます。**

また、学校の目指すビジョンを共有し、保護者同士の横のつながりも生まれる機会として「Supporters' Meeting」というオンライン座談会を実施しています。**保護者の方と教員が共に考え、対等に自由な交流をする場**です。お互いに、「生徒の成長のために」で合意した、サポーターなのです。

生徒と大人の化学反応は、新たな創造を生む

加えて大切にしたいのは**伴走者の数**です。**視点の多さは、価値観の多様さ**を現します。卒業するまでの間に、社会で活躍する「100人の大人とつながる」ことをコンセプトとした正規授業があります。「Happiness Bridge」と呼び、各学期に1回以上行われます。ラボ活動での探究や、スタディツアーでの経験を話題にしながら、対話を重ねます。オンラインで全校で一斉に行うため、学校と社会、各学年という垣根を越えてシームレスにつながり、お互いの学びや考え、想いについて語ります。決して「答え」を出すのが目的ではなく、対話の中で生徒自身が「自分の現在地」を俯瞰したり、自分には無かった価値観を獲得したりする場です。3年で延べ500名を超える大人が参加し、生徒と大人の化学反応が新たな価値観やビジョンの創造に繋がっています。

（高橋　伸明）

デザイン 15

#『学びの文化を、みんなでつくる』

生徒も交えた教員研修・プロフェッショナルラーニング

中学校　高等学校　学校システム

ネガティブが好き

先日、高校2年生の生徒が進路について整理したいということで、親御さんと一緒に話をする機会をもちました。中学1年生からプロジェクト活動や学校行事などの様々なことを積極的に行っており、学習面でも自分なりの目的をもって取り組めるように成長してきた生徒です。ところが、自身の進路の方向性についてはまったくイメージが湧かないとのことでした。キャリア活動の中で、様々な選択肢があることや自分の向いている方向性が見えても、自身がどんなことを本当にしたいのかが分からず、親御さんからは夜中に部屋で考え込んでいる様子が見られるとの話でした。そのことを聞いて、夜中に考え込んでしまうのは考えがネガティブに働かないのかと尋ねたところ、「ネガティブなことを考えるのが好きではだめですか」の返事。ハッとしました。

この生徒はいくつもの主体的で探究的な学びを行っているうちに、本能的にネガティブな側面をもってしまう自身の本質的な特徴を楽しむ段階に入っているのではないかと思います。しかし、そのこと自体を否定し、やめさせて無理矢理解決に向かわせるようなことをしてしまうところだったと感じたのです。だめなことはなく、自分もそういう時間は割と好きだということを伝えると、少しほっとした様子でした。結局、進路についての話は、いくつかの選択肢からできるものを二つくらい行動に起こしてみるという結論になりました。そして、近いうちにまた話をしようと決めてこの機会を終わりとしました。

このような内発的なものから言葉になるやり取りは、探究のような学びの中ではよく起きていることだと思います。**「感じて想像し、行動を起こして共有する」学び**です。ところが、このように感じて想像する場面、行動を起こして共有する場面は、子どもたちだけに起こることではありません。大人たち、すなわち教員も一緒です。

教員だって一緒

本校で実施されている教員研修「プロフェッショナル・ラーニング」（PL）は、コロナ禍であった2020年から実施されました（下画像）。この年は、全人類があらゆることを感じて想像することの当事者であったと思います。また、その最中に並行して、教育ではICTの導入や探究、主体性や対話のある学び方が問われるようになっていきました。私たち教師は、プロの教師集団として、生徒たちがよりよく学べるような授業を行うスキルをもつことも大事ですが、そのことに加え、「**教員も生徒たちと同じく学び手**である」というマインドをより大事にしています。

余白のある場づくり

このPLは年に3回行っており、それぞれ1回の内容を項目で分けると、

- 授業実施や生徒の成長の共有（フィードバック）
- テーマを深める学びを行い合意の場をつくる（マインド）
- 授業手法やICTの手法の獲得（スキル）

となっています。マインド→スキル→（実施）→フィードバックのようなサイクルをつくることは、探究的な学びを持続可能にしていく上でとても重要になってきます。

進行役は毎回少しずつ入れ替えながら複数の先生方に

担ってもらっています。テーマに沿って考えを深めていく教員の学びを、それぞれの進行役の先生がもつスキルで進めていきます。このことは、同時にワークの手法を獲得することにもつながり、「今日のワークの方法を今度の〇〇の授業でやってみよう」のようなことがよく起こっています。

そして同時に意識されているもう一つの重要なことは、それらのサイクルを含めた**余白のある学びの場づくり（環境）**になります。先生方の素敵な人柄を活かし、余白のある場づくりに協力してもらうことは、笑顔があり、間違いを恐れず新しいアイデアを出しやすく、対話によって深めやすくなり、挑戦する風土が少しずつ構築されていくことになります。このような先生方の学びの場を見ると、生徒・先生という枠にとらわれず、感受性を開いて何かを想像した時点でみんなが学び手になるのだと思います。

そのような経験から、昨年度の時点で高校3年生だった有志の生徒たちに教員研修であるPLに参加してもらう運びになりました。先生と生徒が一緒になって、授業やより良い学びの場を考える対話の機会となって、生徒たちの感じてきたこと、先生たちがどのような意図で授業を行っているのかを共有し、ともに与え合い成長するような授業の要素を考えていきました。

【参加した高校3年生より】

・先生方と個人対個人としてお話しする機会はなかなかないためとても新鮮でした。先生方の考え方や目線を感じる事ができ、この先に活かす事ができそうな有益な情報共有ができたと感じています。

・学校を「先生だけ」でも「生徒だけ」でもなく「みんなで」組み立てているような一体感が生まれたのも、先生と生徒がお互い真剣に向き合って対話出来たからだと思います。

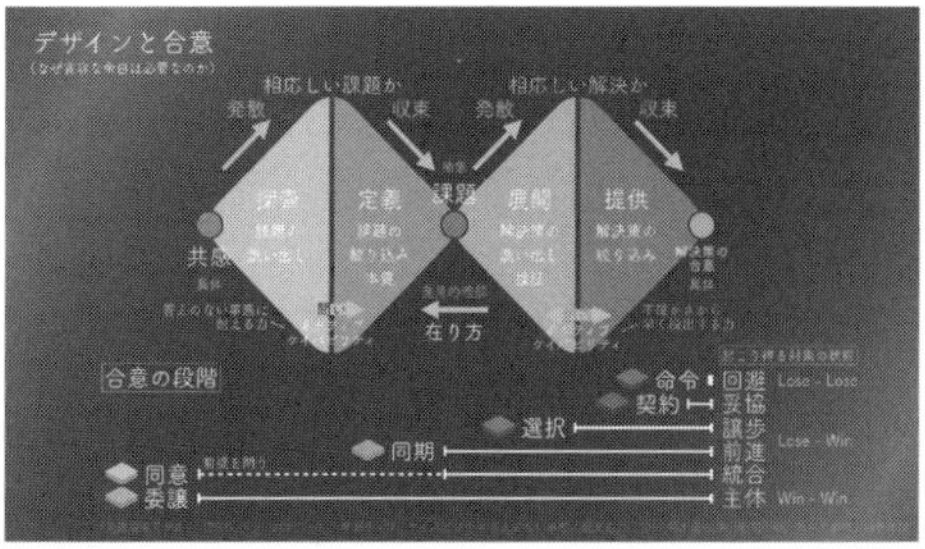

PL で共有したスライド

探究のような学びが求める生き方やあり方は、常に収束と発散を繰り返していくものだと思います。その感覚を、「感じて想像し、行動を起こして共有する」ことが、学校にいる「みんなで」できる場があったとき、学校や授業は、生徒がなりたい自分のための「どこでもドア」になれるのではないかと思っています。

（芥　隆司）

教員の伴走を受け、文化を醸成している子どもの声

これまでにご紹介した探究において、どのような教員の関わり方がよいのでしょうか。子どもたちから最も多かったのは「『できない』と言わない」という声でした。

Kさんは、「学びの途中で否定する段階がないのが良かった」と語りました。「これまでは、プロセスの中で『それは難しい』、『無理だ』と否定されていた。そうすると、自分自身に対しても否定的になった。新渡戸ではそういうタイミングや空気感がない。安心してチャレンジできた」と語ってくれました。Yさんも「『こうすると良いよ』という助言はあっても、『こうしなさい』という圧は感じられなかったのが、ありがたかった。だからこそ、自分で考え、選択することができた」と振り返ります。Hさんも「先生も良い意味で答えを持たない仲間として、対等な仲間として探究を進められた」に加え、「答えではなく、『問い』を投げてくれたのが成長につながった。『なぜ』や『そもそも』という、『本質』を考え、探ることが学びのレベルを一段上げてくれた」と話してくれました。

「先生がまず自分の『好き』を大切にしてくれた。先生自身も楽しそうに学んでいるから一緒に頑張りたいと思えた」と伴走者としての教員の姿を挙げた声も少なくありません。一人ひとりの多様な学びを全員が尊重する文化が、探究的な学びの深化に繋がります。

（高橋　伸明）

終　章

それでも「探究」に悩むあなたへ

悩み 01

成績ってどうつけたらいいの？

探究活動を教育課程に入れる際によくある質問が「成績はどうやってつけるのでしょうか？」というものです。成績にも種類がありますが、ここでは各教科における探究活動をどのように評価し、評定に反映するのかについて述べたいと思います。そもそも評定とは何なのでしょうか。文部科学省の資料では以下のように定義されています。

> 各教科等の観点別学習状況の評価の結果を総括的に捉え、教育課程全体における各教科の学習状況を把握することが可能なもの。
>
> (「新学習指導要領の全面実施と学習評価の改善について」令和元年度地方協議会等説明資料より)

これに基づけば、学習指導要領から作られた教育課程の目的・目標に応じて、学習状況を把握できるようにつけるということかと思います。ここまで本書をお読みになった方であれば、すでに「何のための探究か」という目的の部分はイメージできていると思います。評定はその目的の達成に向けた指標として設定することになります。そのため、目的のために探究的な学びが必要であれば、評定の要素の中に探究の過程や成果を入れることは必要です。したがって、これまでの学習と同じように「過程」や「成果」を評価すればよいのです。**提出物の内容や提出状況、プレゼンやレポートなどの成果物をルーブリック評価などで点数化**すればよいのです。ただし、測りづらく、主観が入りがちな評価であることは確かです。そのため、**事前の提示と生徒との合意**が重要です。授業を行う前に評価方法についても生徒に開示し、無理がないことを合意した上で実施しましょう。また、評価・評定をつける上で最も大切なのは、「子どもたちの能力や素質を数値化するもの」ではなく、「子どもにとっても、学校にとっても、教員にとってもＰＤＣＡサイクルを回すための材料とするもの」という意識です。子どもたちをランクづけするための評価ではなく、あくまで本人や教員自身へのフィードバックとして次につながるような評定になるよう心がけて行きましょう。なお、成績は日々の成果からつける必要がありますが、日々の成果すべてを評価しなくてもよい、ということにも留意しておくとよいでしょう。

（奥津　憲人）

悩み
02

基礎学力は大丈夫？進路はどうなるの？

質問にお答えする前段階として、「学力とは？」を定義する必要があります。おそらくこの疑問を持つときの学力は、いわゆる偏差値的な、受験学力のようなペーパーテストを解く力を指すのではないでしょうか。では、その力は「何のため」に育むべきなのでしょうか。そして、その力を育むために、「探究的な学び」は本当に必要でしょうか。これまでも述べている通り、**手段は目的からデザインするもの**です。そして、子どもたちの時間は有限で、学校で身につけられる力にも限界があります。本校では、その有限な時間の中で、最上位目標を目指すために探究的な学びを中心に据えています。つまり、受験学力は必ずしも最上位ではありません。逆に言えば、受験学力を最上位にするならば必ずしも探究的な学びという手段をとらなくてもよいかもしれません。**まずは最上位を確認し、マインドシフト**をしなければ、この悩みが尽きることはないでしょう。

そうは言っても受験学力だって必要だ、と考えると思います。まったくその通りで、それらの力を不要と考えているつもりも、全く身につけないと言うつもりもありません。あくまで「最上位に置いていない」ということです。そもそも「受験学力」と「探究的な学びで身につく力」は二項対立ではありません。探究的な学びで受験学力をつける方法はいくらでもあります。教科書に記載されている知識等も、もとは誰かの探究の成果です。それを追体験するような流れをとれば、十分探究的に受験学力もつけることはできるでしょう。もちろん、単元ごとに探究する部分とドリル的な部分を分けたり、授業時間の中に一部分だけ探究的な要素を入れたりするという、ちょっとした工夫もできるでしょう。

また、「学力」という観点以外にも、探究的な学びは子どもたちの未来に大きな影響を与えます。それがまさに**「進路」**です。本校でも大部分の生徒が進学を選びますが、「学力層が合うから」や「何となくこの方向だから」という選択をする生徒は多くありません。明確にやりたいビジョンを描き、「この大学だからこそ」という強い想いで決断した生徒が年々増えている印象です。その決断の背景は、これまで紹介したスタディツアーやプロジェクト活動での様々な出会いが影響していることは、最早自明だと思います。ここまでの内容で、探究的な学びは本質的なキャリア教育になる、ということをご理解いただけたのではないでしょうか。

（奥津　憲人）

悩み
03

できない子はどうするの？

この悩みには、二つの視点でお答えします。一つ目は、**「従来の学びと同じようにできる範囲で個別にサポートをすればよい」**ということです。探究的な学びであろうと、従来の学びであろうと、手段である以上は得意な生徒も不得意な生徒もいます。したがって、従来の学びと同じようにサポートすればよいのです。個別にフォローすることもしてよいでしょうし、問いを重ねながら少しずつ進めるようにしてもよいです。その感覚は従来の学びと全く違いはありません。生徒の状況を把握して、段階に応じてサポートをしていきましょう。どんな学びの手段であっても、それぞれに合わせて適切な支援をする授業の本質は変わりません。もちろん、教師が引っ張りすぎないようには気をつけましょう。

二つ目は、**「できない生徒」というマインドを変えましょう**、という視点です。そもそも「できない」と捉える状態自体を変えていくことが、探究的な学びを進めるためのコツにもなります。「できない」という状態は、「達成できていない」ということだと思います。

それはつまり、「このコンテンツを得られたか」というコンテンツベースの学びです。しかし、探究的な学びの本質は個別最適することにあります。そのため、「できない」という一律の基準に照らし合わせたマインドは、結果的に従来の学びと変わらず生徒にノルマを課すことにつながります。まずは「できないとはどんな状態か」をご自身に問いかけ、その生徒にとっての探究の段階を見据えて行きましょう。

ここまで二つの視点でお答えしましたが、探究的な学びにおいて、私が最も気をつけていることは、**「探究を嫌いにさせてはいけない」**ということです。あくまで私自身の主張ではありますが、探究とは「好きを究める」ことであってほしいと思っています。だからこそ本質的には個別最適化していくし、ゴールはないと考えています。そう考えた時、**探究を嫌いになることは「好きなことを究めるのを嫌いになる」ということと同義**です。これがどれだけ残酷なことか、想像には難くないと思います。本校の卒業生の言葉で、「自分の好きをとても大事にしてもらった3年間でした」というものがありました。私はその言葉こそ、学校として探究を大切にしてきた成果ではないか、と考えています。「できない」というレッテルを持たず、とことん自分の好きなことを究められるよう、教師側からマインドを変えていけることを願っています。

（奥津　憲人）

悩み
04

保護者や同僚の先生の同意はどのように得たらいい？

この悩みはここまでの悩みと大いに重なる部分もあると思いますので、保護者の方からそれらの質問が来た場合はそちらをご参照ください。保護者や教師の世代が受けたことがない学びの手法だからこそ、不安に思うのは当然です。その不安を受け取ったのであれば、**まずは寄り添って対話し、何が不安なのかを紐解いていきながら、進む方向に合意をしていくことが大切**です。目的が合意できていれば、手段の選択は他にもあります。最高の応援団である保護者や同僚の先生と共に歩めるためにも、対等な対話を心がけながらお互いの合意できる道を探って行きましょう。

一方、導入時はしばらく合意が難しい部分もあるはずです。従来の学びに対して探究的な学びが先進的であれば、導入している私たちはまさにファーストペンギンです。イノベーター理論に基づけば、そういった革新的な部分に賛同できるのはイノベーターやアーリーアダプターと呼ばれる約16％です。そして、次の段階であるアーリーマジョリティとの間にはキャズムと呼ばれる大きなギャップがあるとも言われています。そのため、なかなか合意が難しい層がいるのは当たり前です。このギャップを超えるためには**「安心感」**が必要です。どれだけ役に立つか、どれだけ安定してパフォーマンスを発揮できるかという「具体的なビジョン」や「実績」が必要になります。従って、無理に合意にエネルギーをかけるのではなく、まずはゆっくり実績をつくるようにしていくことも必要です。もちろん敵対してしまうと進めなくなることもありますので、無理に進めないことも心がけましょう。

ただし、気をつけてほしいことは**「大人は得てして子どもを飛び越えて成果を期待してしまう」**ということです。合意をするために伝えた言葉に大人が過度に期待し、生徒に負担がいくことは、往々にして起き得ることです。そんな時にはもう一度目的に立ち帰り、「何のために探究を導入していたのか」を見返してください。すぐに成果が出づらい教育という分野だからこそ、目の前の成果に踊らされず、ゆっくり合意を得られるようにしていきましょう。

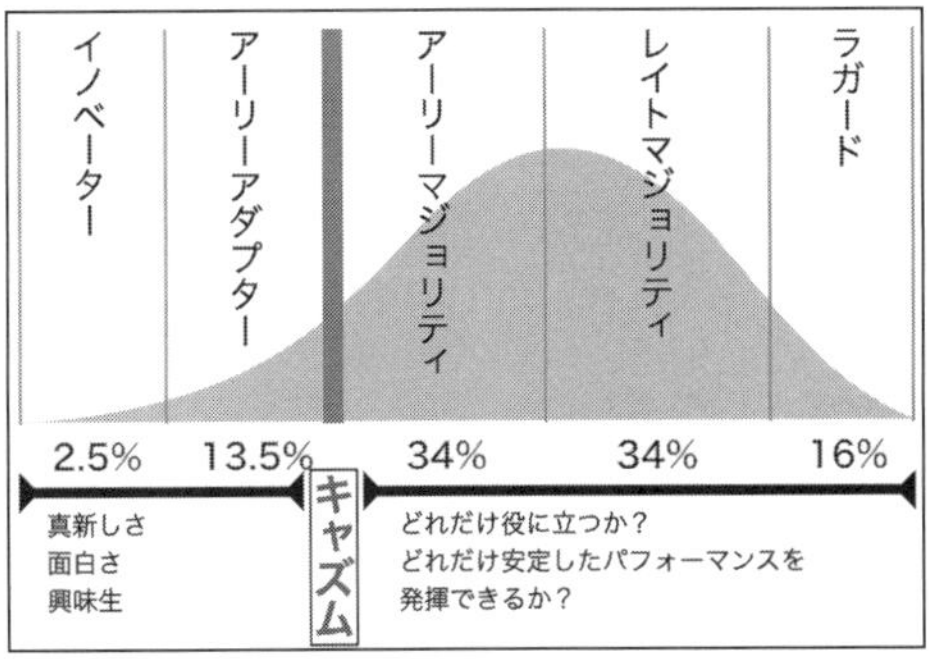

（奥津　憲人）

悩み
05

どのような準備をしたらいいの？

最も重要な準備は、**最上位となる目的を定めること**です。「何のために探究的な学びを導入するのか」という軸がないと、手段が目的化してしまい無駄や過度な負担が生じてしまいます。特に、学校として導入する場合には全員が合意できる最上位を定めることで、一貫性のある取り組みになります。新渡戸では軸となる3Cカリキュラムの構築に2年ほど議論を重ねました。最上位であるHappiness Creatorを目指すための手段としてどのような教育過程がよいか、全教員が合意できるよう時間をかけて議論をしています。一つの授業や行事のみの実施であれば一部の教員の考えでも進めることができますが、クロスカリキュラムのような大きな教育課程の変更であれば、全教員が合意することは重要です。その点は時間をかけて構築していきましょう。

次に大切なことは、**仲間を集める**ということです。この「仲間」は必ずしも学校内だけとは限りません。同じ目的を共有でき、未来に対して一緒にワクワクできる仲間を、学校内外でつくっていきましょう。仲間の存在は、活動を続ける際の安心感となります。また、広い繋がりをもつことは、生徒の活動を社会に接続させる際に大きな助けになります。そのためにも、まずは先生自身が探究し、広く活動していくことが必要です。研修会やイベントなど、人が集まりそうなところに赴き、同じ志を持つ方々と繋がりましょう。その際、先生自身もワクワクすることを忘れてはいけません。その姿こそが仲間を集める力になり、生徒のロールモデルになります。先生自身が探究を続けることこそ、一人でできる最大の準備と言えるでしょう。

最後に、**探究的な学びを円滑に進めるためのツール**とそれを**活用するスキル**を習得しましょう。遠隔地でもオンラインで繋がる方法や協働する際に必要なクラウドサービス、効果的なアウトプットをするためのプレゼンアプリや、生成ＡＩを活用した自身あるいは生徒へのサポートなど、テクノロジーの活用によって探究的な学びは飛躍的に加速します。もちろん使えなくても探究的な学びはできますが、デジタルネイティブであるこれからの子どもは当たり前のように活用します。その伴走をするためにも、先生自身がそのスキルを身につけることは必要です。まずは触ってみるところからでよいので、ぜひチャレンジをしてみてください。

（奥津　憲人）

あとがき

皆様、探究の旅からおかえりなさい。

あとがきの場を借りて、この本ができた舞台裏を私から少しご紹介いたします。

書籍の企画をいただき、まずは小中高の先生と広報スタッフと共に夢を膨らませました。最初にみんなで妄想を語り合う時間は何より楽しいものです。すぐに風呂敷を広げるのも新渡戸文化学園のいいところだと私は思っています。いま思えばとても幸せな時間でした。

そこから具体の本の構成をつくるまでに何度も話し合いました。執筆者となる小中高にまたがる先生たちが集まるのは時間調整だけでも大変です。それぞれの業務をやりくりして時間を捻出し、企画会議を重ねました。時間の調整が難しく、時には朝の時間も活用し、生徒たちが来る前に先生たちが朝早くに出勤して企画を練る日もありました。

大変さもありましたが、「どうしたら全国の先生方にお役に立つものができるか？」「成功物語でなく、今まで苦労もたくさんしてきた等身大の新渡戸文化学園を伝えたい」「全国にいる思いのある先生の背中を押し励ますような本でありたい」そんな熱い思いで、会議を重ねて企画構成案が出来上がっていきました。大変さもありましたが、新しいアイデアが出たり、発想が生まれる瞬間の高揚感があったりで、文字通り白紙のところからものをつくり出す喜びも多々ありました。

企画構成案ができ分担も決まり、いよいよ執筆に入りました。そしてここからが苦行の始まりでした（笑）。日頃の業務を行いながら執筆をする、これは想像以上に大変なことでした。先生方はただでさえ多忙な毎日です。業務の忙しさはもちろんですが、生徒たちと向き合うことには大きなエネルギーがかかります。日中にそのエネルギーを放出した後で、執筆に向き合うのは思っていたよりずっと大変で、計画通りに進まないこともありました。執筆にかかっていた時期が1学期だったことも苦行に拍車をかけました。これを読んでくださっている先生方は、新しい年度になった1学期に執筆をする大変さがきっとわかっていただけると思います。暑さもあり、梅雨もあり、台風もあり、体にも頭にもものすごい量の汗をかきました。

当初の企画構成案でイメージしていたことでも、執筆になると筆が進まなくなることもありました。実際に書いてみて「これで伝わるだろうか？」「もっと皆さんのためになることが書けるのではないか？」などと考えると、手が止まってしまうこともありました。そのような日々の中で、締め切りを何度か延ばしてしまうこともありました。非常に申し訳ないことでしたし、待ってくださった出版社の大江さんには大いに感謝しております。

そんな大変な局面で活躍したのがチャットグループです。執筆者の先生たちのグループがあり、そこで助け合いが生まれました。詰まっているところのアイデアがやり取りされたり、担当でなかった先生が「ここ引き受けます！」というサポートもあったり、励ましの言葉があったりして、当初の分担を超えた体制でベストの文章を仕上げていきました。

結果的には夏休みの時間も使い、秋には先生方の原稿が揃ってきました。内容的に生徒や保護者に確認が必要なものもあります。私たちなりに生徒や保護者の思いは十分にくんでいるつもりですが、やはり細かいニュアンスなども含めて、思いが異なるといけませんので、そのあたりの丁寧な確認も並行して進めていきました。

そうして初稿刷りがついにできました。私はそれを読んで実は大いに感動しました。それは6人の先生の原稿が見事なハーモニーを奏でていたように感じたからです。6人の先生と私は、企画構成案をもとにそれぞれが執筆を進めていました。他の先生の原稿をじっくり読んで書いた人はおそらくいないと思います。全体の流れの中で「自分がここで何を書くべきか」と執筆に向き合ったわけですが、見事なまでに背骨を貫くコンセプトが一致しており、共通言語で語られており、互いの章が高め合っているではないですか！　先生方の原稿が揃ってから、調整や再構成作業や追加執筆に結構な時間を費やすことを私は当初より想定していました。しかし、その時間はさほど必要ではありませんでした。6人の先生が書いたことは見事に良いバランスになっていました。改めて考えると、小中高という3校種にまたがる先生たちがそうした調和をしてくれたのはすごいことだと思いました。

というこことで、大変だったけど創造的な楽しさもあった企画段階、いざ原稿に向き合うと思ったより簡単ではなくて時間も相当費やした苦行の執筆段階、山を越えてからは一気に高速で進んだ仕上げ段階を経て、この本が世に出せることになりました。今の新渡戸文化学園のすべてを余すところなく、全力で表現したつもりです。

先生方に私がいつもお話することがあります。

「自分が成長するとそれを生徒に還元できる、だから先生という職業は素晴らしい」ということです。この本が全国の皆様のお役に立ち、それが生徒たちや子どもたちのためになれば何より嬉しいことです。

「Happiness Creator」を掲げる私たち、この本を読んでくださった皆様の幸せに少しでも貢献できたとすれば、生徒たち・子どもたちに私たちも少しは褒めてもらえるのではないかと思います。

本書を読んでくださり、本当にありがとうございました。（2024年12月／平岩　国泰）

執筆者紹介

平岩　国泰（ひらいわ　くにやす）　まえがき／序章／あとがき

新渡戸文化学園理事長。長女の誕生をきっかけに、放課後NPOアフタースクールを起業し、21校のアフタースクールを開校。2019年新渡戸文化学園理事長就任。日本のモデルとなる未来の学校づくりに挑む。2017年より渋谷区教育委員、2023年より渋谷区教育長職務代理。

遠藤　崇之（えんどう　たかゆき）　ヒント01～04・10～15

新渡戸文化小学校校長補佐。10数年のIT系企業経験を経て、認定NPO TeachForJapan フェローとして埼玉県公立小学校に2年間赴任後、2019年度より同校に着任。企業経験で獲得したビジネススキルやコーチングスキルを活かして、同校でオールラウンドに活動中。

栢之間　倫太郎（かやのま　りんたろう）　デザイン01・04・07・10・13

JICA東京「教師海外研修」でザンビア共和国を訪れ、以降子どもたちの自発的で必然的な学びを支えるプロジェクト型学習（PBL）を実践。2019年より新渡戸文化小学校で学びのプロジェクト化と「プロジェクト科」の立ち上げを担当。現在はNFP（業務委託契約）の立場でサポートを続ける。

高橋　伸明（たかはし　のぶあき）　デザイン02・05・08・11・14

プロジェクトデザイナー。中学校での教科横断型探究学習や、全国複数個所で同時開催する選択式スタディツアーをデザイン。大学でも教壇に立ち、未来の教員養成にも尽力。中高専任教諭、大学教員の他にも、大学院生（博士課程）、区役所委員、NPOサポーターを兼任し、パラレルキャリアを実現。

山藤 旅聞（さんとう りょぶん）

デザイン03・12

新渡戸文化学園副校長。ＪＩＣＡ東京「教師海外研修」でブータン王国の訪問を機に、旅と社会と教科をつなげて、生徒自らが立てた「問い」から「行動する」までの場づくりを研究中。19年より現職に就任し、未来の学校づくりに尽力。22年には一般社団法人旅する学校を設立し、学校管理職と民間代表の二刀流となる。

奥津 憲人（おくつ けんと）

ヒント05～09／デザイン09／終章

中高ブランディングデザインチーフ兼ラーニングテクノロジーデザインチーフ。子どもと様々なものとの「距離」を縮めることを大切に、フィールドに出るなどの「本物を見せる」教育活動を実践。SDGsforSchool サポートティーチャー、ロイロ認定ティーチャー、高等学校「生物基礎」執筆編集者。

芥 隆司（あくた たかし）

デザイン06・15

中高ラーニングディレクター。社会的創造性を育む数学の授業と、ChallengeBasedLearning（現実課題に基づく学習法）を実践し、自律して学び社会に自走する生徒たちを支援する。２０１７年にAppleより認定を受け、講師や企画、執筆活動も行っている。

【編著者紹介】

学校法人新渡戸文化学園
(がっこうほうじんにとべぶんかがくえん)

1927年創立，初代校長新渡戸稲造博士。女性が社会で活躍することを目指した「女子経済専門学校」として開校し，現在は子ども園，小学校，中学校・高等学校，短期大学，アフタースクールからなる総合学園。

学園共通の願いは『Happiness Creator～しあわせをつくる人～』，「未来の学校」を描き出すことを目指す。「探究」を軸に目覚ましい進化を遂げる姿に，各メディアや視察などが多数入る注目の学校となっている。

グッドデザイン賞：金賞，ウェルビーイングアワード：ゴールド賞，コカ・コーラ環境教育賞：最優秀賞，WORK DESIGN AWARD：グランプリ，キッズデザイン賞：内閣総理大臣賞，FSC アワード：金賞等，学園・生徒ともに多数受賞。

WEB：https://nitobebunka.ac.jp/

探究のコンパス
学びのデザインを変える15のヒント

2025年2月初版第1刷刊 ©編著者 学校法人新渡戸文化学園
2025年5月初版第3刷刊 発行者 藤　原　光　政
発行所 明治図書出版株式会社
http://www.meijitosho.co.jp
(企画)大江文武 (校正)奥野仁美
〒114-0023 東京都北区滝野川7-46-1
振替00160-5-151318 電話03(5907)6701
ご注文窓口 電話03(5907)6668

＊検印省略 組版所 中　央　美　版

Printed in Japan ISBN978-4-18-100734-8